BTS

WANNA ONE

WICE

RED VELVET

문화력으로서

한류

이야기

최창현 · 임선희

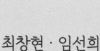

박영사

나에게 행복이 무엇이냐고 물어본다면 장르 구분 없이 좋아하는 노래를 부르는 것이라고 말한다. 남들 앞에서 제대로 된 노래 한 곡만 불러보자는 결심으로 시작한 노래연습은 이제 내 삶에 큰 행복으로 자리 잡았다. 장르에 구애받지 않고 노래연습을 하다 보니 당연히 K-pop에 관심을 갖게 되었고, 원곡을 부른 아이돌에 관심을 가지게 되면서 한류에 대한 연구를 시작하게 되었다. 노래가 좋아서 시작한 일들이 이 책 한 권으로 탄생하게 된 것이다.

기존의 한류 관련 서적에는 찾아볼 수 없는 문화력으로서의 한류를 다루었다. 국력 중에서도 경성국력(hard power)을 나타내는 지표에는 한 나라의 인구, 영토, 경제력, 군사력 등이 있고, 연성국력(soft power)에는 문화력, 정치외교력, 사회자본력 등이 있다.

한국은 현실적으로 강대국에 견줄만한 경성국력은 없더라도, 문화콘텐츠 등의 문화력을 통해 모자란 힘을 채울 수 있다. 문화의 진흥은 국가의 브랜드를 형성하는 핵심이다. 우리 문화산업의 경제적 부가가치를 높이고 국격 제고의 주춧돌이 될 문화의 창조적 발전전략 마련이 필요한 시점이다.

경제적으로 성장할수록 문화를 부각하고 문화와 접목해 문화콘텐츠 등 관련 산업 진흥 정책을 추진해야 한다. 이러한 측면에서 문화콘텐츠와 문화력으로서의 한류 이야기를 풀어 보았다.

그리고 특히 복잡계 이론의 특징인 창발성, 공진화, 프랙탈, 혼돈의 가장자리, 자기조직화 등의 특징을 적용하여 문화콘텐츠의 창발성, 공진화, 자기조직화 등을 설명해 보았다.

원고 집필기간 동안 나와 함께한 K-pop과 이제는 팬이 되어버린 아이돌 그룹 방탄소년단은 앞으로도 좋은 인연이 될 것 같다. 필자는 한류가 한국의 지속가능한 산업으로 나아갈 수 있도록 계속 응원하고 연구할 것이다.

독자들이 한류에 대하여 조금 더 쉽게 이해하고 다가갈 수 있기를 희망하며, 도움주신 많은 분들께도 이 책으로 고마움을 대신하고자 한다. 마지막으로 초인적인 열정으로 원고를 다듬어 주고 정교한 마감을 해준 충북연구원의 김명하 박사에게 특히 무한한 감사의 말을 전하고 싶다.

2018년 5월
최창현, 임선희

Contents

차 례

Prologue

나한류: 요즘 방탄소년단(이하 BTS)의 인기가 엄청난 것 같습니다. 미국 라디오 방송에서 한국어 노랫말이 들렸는데 이따금 영어도 나오는 데 다 빠른 박자 때문에 제대로 들리지 않아서 처음에는 확신하지 못했습니다. 그런데 방송 진행자의 소개를 들으니 BTS가 부른 'MIC drop'이라는 곡이었지요.

최창현: 작년 미국 양대 대중음악 시상식 중 하나인 '아메리칸 뮤직 어워드'에서 BTS가 사실상 마지막을 장식할 때도 소위 '떴다'고 생각했지요. 미국 사람들이 많이 듣는 라디오 방송에까지 우리말 노래가 나오는 게 뿌듯했습니다. BTS의 인기는 단발성에 그친 2012년 싸이의 '강남 스타일' 때와 다른 양상이라는 평가가 많습니다. 2018년 5월 20일

미국 빌보드 뮤직 어워드(Billboard Music Awards, BBMA)에서 빌보드 2년 연속 톱 소셜 아티스트 상 후보에 올라 신곡 페이크 러브(Fake Love)를 출연자로 발표하고, 이어서 5월 25일에는 2017년 11월에 출연했던 미국 NBC 엘렌 드제너러스 쇼에 재출연할 예정(스타뉴스, 2018년 5월 2일자)이라는 점에서 싸이와는 달리 장기적인 인기를 끌 가능성이 많습니다.

나한류: 싸이와의 차이점은 분명히 있다고 생각합니다. BTS는 노래의 가사에 전 세계 사람들이 공감할 수 있는 인간의 성장통과 아픔, 폭력 근절, 그리고 희망의 메시지를 담고 있어 일회성으로 그치지는 않을 듯 합니다. 2017년 11월 19일 American Music Award(AMA)에서 공연했을 때 미 전역에서 열광했다고 하는데 미국 사람들은 모두 BTS를 아나요?

최창현: 팝 음악의 주 소비층이 아닌 일반 대중에게 BTS의 인지도는 낮을 수밖에 없을 것입니다. 다만 소셜미디어를 이용하는 학생층에게는 인지도가 대단히 높다고 보고 있습니다. 사실 BTS의 미국 내 인기는 단순한 인지도로 평가하기 힘듭니다. 가령 현지 스타인 셀레나 고메즈는 TV의 가십난을 통해 대부분의 사람들이 알지만 그녀의 노래를 모르기는 BTS와 마찬가지입니다. BTS의 인지도는 이번 아메리칸 뮤직 어워즈와 각종 방송 출연으로 향후 미국 전역에서 비약적으로 늘 것으로 예상됩니다. 이외에도 CBS방송 〈제임스 코든의 더 레이트 레이트 쇼〉, NBC방송 〈엘렌 드제너러스 쇼〉, ABC방송 〈지미 키멜 라이브〉 등 미국 각 방송사의 대표 프로그램 출연을 마쳤습니다. 미국은 전국 방송을 타느냐 마느냐가 인지도를 크게 좌우하기 때문이지요.
　　BTS는 자신들의 음악적 장르를 '힙합'으로 선택했고, 그들의 음악

은 결국 글로벌 시장 트렌드에 맞아 떨어졌습니다. 유튜브를 통해 국
내보다 해외에서 먼저 폭발적인 반응을 불러왔던 '쩔어'와 '낫 투데이'
는 강렬한 비트의 힙합사운드가 돋보이는 곡입니다. '쩔어'는 1년 4개
월 만에 1억뷰를, '낫 투데이'는 하루 만에 1000만뷰를 돌파했습니다.
BTS는 단순히 음악으로만 자신들의 메시지를 표현하는 데 그치지 않
습니다. 유니세프 한국위원회와 손잡고 지구촌의 아동 및 청소년의
폭력 근절을 위한 '러브 마이셀프' 캠페인을 진행하고 있지요.

나한류: BTS의 사례는 한류문화산업을 '세계 속 지속가능 산업'으로 보

7

출처: https://www.billboard.com/hub/bts

는 단초가 되었다고 생각합니다. 15년 전 '겨울연가'로 시작된 한류문화산업의 세계화는 '설마' 하는 사이에 기대 이상으로 확산되고 성장했습니다. 가요 부문만 봐도 그 사이 '카라', '소녀시대', '빅뱅', '슈퍼주니어'를 지나 '싸이의 강남스타일'로 변곡점을 찾은 뒤 'EXO', 'BTS'까지 이어지고 있지요. 15년간 지속되고 더욱 강해진다면 그건 '메인스트림'으로 진입했다고 해도 과언이 아닌 것 같습니다.

최창현: 그렇습니다. 2018년에는 미국 레코드산업협회에서 수여하는 골든디스크상을 수상했습니다. 미국 레코드협회가 백만 장 이상 팔린 레코드에 금빛 레코드를 시상한 데서 나온 말이고, 밀리언 셀러 레코드(million seller record)라고도 부릅니다. 또한 빌보드 홈페이지에는 좌측

상단에 BTS란이 신설되어 있을 정도입니다.

걸그룹의 경우는 트와이스(TWICE)가 국내는 물론 일본에서도 두각을 나타내고 있습니다. 25만 장 이상의 판매고를 기록한 앨범에 일본 레코드협회가 선정하는 '플래티넘' 인증도 확실시되고 있습니다.

현재의 한류는 2000년대 이후 한국의 국민소득이 1만 달러를 넘어서면서, 한국문화가 세계적으로 관심을 끌며 탄생했습니다. 그러나 2018년 현재에 이르기까지 한류가 세계적으로 각광을 받고 경쟁 문화조차 등장하지 않는 건 바로 동서양 융·복합 문화를 가진 나라는

한국이 유일하기 때문이지요. 이제 한류는 한국만이 가지고 있는 문화적 특성과 세계적 보편성을 포함해 전 세계 트렌드를 이끌고 있습니다. 이제 세계적 문화콘텐츠로 다양한 산업 분야까지 영향을 주고 있는 한류에 대하여 유익하고 재미있게 알아보는 시간을 가져볼까요?

제1부

한류의 실체

제 1장
한류란 무엇인가?

나한류: 요즘 한국 드라마, K-pop이 해외에서 많은 인기를 얻고 있습니다. 이전에는 드라마나 영화의 인기가 높아서 배우들의 해외 활동이 활발하였다면, 지금은 K-pop의 인기로 가수들의 해외 활동이 많아지면서 '한류'라는 단어가 방송에 자주 등장하고 있어요.

최창현: 이전부터 한류라는 용어는 사용되었지만, 최근 한국의 대중문화 인기로 인하여 매우 빈번하고 자연스럽게 사용되고 있지요. 한류는 한자로 '韓流', 영어로는 'Korean Wave'라고 합니다. 특히 영어표기는 'Korean Fever', 'Hanliu' 또는 'Hallyu' 등 다양하게 나타나고 있어요.

나한류: 한류라는 용어는 어떻게 등장하게 되었나요?

최창현: '한류(Korean Wave)'는 1990년대 후반 한국 TV드라마가 중국에 진출하여 인기를 얻으면서 중국 언론 '인민일보(人民日報)'가 "한풍(韓風)이 지나간 후"라는 기사로 한국 대중문화를 다루면서 '한류(韓流)'라는 용어가 등장하였습니다. 또한 "다른 문화가 매섭게 파고든다."는 뜻의 '한류(寒流)'의 동음이의어인 '한류(韓流)'로 표현하면서 통용되기 시작하였다는 의견도 있습니다(황낙건, 2013).

1980년대 홍콩 영화의 유행을 일본에서 홍콩류, 즉 항류(港流)라 했고, 1990년대 일본 TV드라마, 애니메이션, 게임 등의 유행을 일본 스스로 일류(日流)라 칭했으며, 1990년대 하반기에 한국 TV드라마와 대중음악이 인기몰이를 하면서 한류라는 용어가 사용되기 시작했지요. 이러한 '~류(流)'라는 표현은 '~식', '~스타일', '~파' 등의 뜻으로 일본에서 사용되는 일본식 용어이고 한류라는 용어는 일본에서 사용되는 '~류'의 일환으로 1990년대 말 한국 대중문화가 다른 국가로 확산되면서 자연스럽게 발생했습니다(엔터테인먼트아시아네트워크, 2007).

1997년경부터 중화권을 중심으로 한국 TV드라마와 대중가요가 인기를 얻으며 한류가 발생했는데, 당시 대만에서 '하일한류(夏日韓流, 여름에 한국 바람이 불어옴)', 중국에서 '일진한류(一陣韓流, 한국 문화 마니아들)' 등의 표현이 국지적으로 사용되고 있었습니다(김현미, 2003). 이에 1999년 가을, 당시 한국 문화관광부에서 한국 대중음악을 해외에 홍보하기 위해 제작, 배포한 음반의 제목에 〈韓流-Song from Korea〉로 공식적으로 사용되었지요(엔터테인먼트아시아네트워크, 2007).

한류는 초기에 중국에서 '한풍(韓風)'이란 용어로 사용되기도 했는데, 차가운 바람이란 뜻의 '한풍(寒風)'과 발음이 비슷하여 한국 문화에 빠진 중국 내 젊은이들의 갑작스런 팬덤을 경계하는 뜻도 포함되어 있었습니다(엔터테인먼트아시아네트워크, 2007). 따라서 한류라는 용어는 항류, 일류에 이어서 대만, 중국, 한국 등에서 자연스럽게 사용되기 시작했고, 한국 문화관광부에서 제작, 배포한 음반과 포스터의 제목 〈韓流−Song from Korea〉에 공식적으로 사용되며 방송과 신문 등으로 널리 확산되었다는 것이 정확하다고 할 수 있지요(한류와 아시아류, 2013).

나한류: 한류는 그 용어의 어원에 따라 다양한 의미로 해석할 수 있을 것 같습니다. 한류에 대한 정확한 의미 또는 개념을 정의할 수 있을까요?

최창현: 한류란 '한국의 대중문화를 포함한 한국과 관련된 것들이 한국 이외의 나라에서 인기를 얻는 현상'이라고 할 수 있습니다. 장수현 (2004)은 한류가 1990년대 말부터 중국 내륙, 중국 홍콩, 중국 대만을 비롯하여 베트남, 몽고, 태국, 일본 등 동아시아 여러 국가에서 전파하기 시작한 한국 대중문화의 붐이라고 하였습니다. 신윤환(2006)은 중국 홍콩, 중국 대만 등 한류가 처음 선행한 지역에서 한국 대중문화(영화, 드라마, 음악, 패션, 게임, 음식, 헤어스타일 등)에 대하여 사람들이 이런 욕구를 충족하기 위하여 유행을 따르거나 배우려는 문화현상이라고 정의합니다.

중국학자들은 90년대부터 아시아 범위 내 한국 대중 사이에서 일어나 문화현상의 약칭이라고 정의합니다. 또한 한국 음악, 한국 드라마, 한국 영화, 게임 그리고 한국과 관련된 다른 문화상품이 중국으로 대폭적으로 진출하여 대부분 사람들, 특히 중 노년층 여성과 청소년들의 선호를 받는 것을 의미한다고 하였습니다.

대부분의 학자들은 한류란 주로 동아시아를 비롯한 중화권에서 성행하는 한국 문화현상이라고 제안하고 있습니다. 중국을 비롯하여 중국 대만, 중국 홍콩, 그리고 베트남 등 동아시아지역에서 한국의 대중문화가 선풍적인 인기를 끄는 현상이라고 개념화하고 있지요.

한편 삼성경제연구소 연구보고서에 제시된 신(新)한류는 "'한국 대중문화에 대한 열풍'이라는 한류 개념에서 '한국의 문화와 상품 그리고 한국 자체를 동경하고 선호하는 현상'이라는 개념으로 확대하고 있습니다. 한류를 '해외에서 나오는 한국을 좋아하는 현상'으로 폭넓은 의미를 탐구할 필요가 있다."라고 밝히고 있지요. 이렇게 최근 한류의 유형은 다양하게 확대되고 있으며 더 넓은 의미를 갖는 방향으로 나아가고 있습니다.

제 2장
한류의 발전과정

나한류: 이전에는 비디오, DVD 등으로 한국의 드라마가 해외로 수출되어 인기를 끌었으나, 현재는 인터넷의 활성화로 다양한 공유매체를 통해 콘텐츠가 개발되고 수출되고 있습니다. 한류가 본격적으로 나타난 90년대부터 현재까지 그 발전과정을 알아볼 수 있을까요?

최창현: 한류는 90년대부터 현재까지 총 3기로 분류할 수 있습니다. 각각의 특징과 발달과정을 한번 알아보도록 할까요?

한류 1기는 1997년도부터 2000년대 초까지의 한류열풍을 지칭합니다. 1990년대 후반 중국에 수출된 '별은 내 가슴에'와 '사랑이 뭐길래'라는 한국 드라마가 큰 히트를 치면서 한류가 시작되었습니다. 뿐만 아니라 가수 '클론'과 'H.O.T' 등 K-pop이라는 음악콘텐츠가 인기를 끌면서 중국에만 한정되었던 초기와 달리 중국문화권에 속한 베트남·대만·필리핀 등 동남아시아 지역으로 한류가 확장되었지요. 특히 중국에서는 한류를 통해 한국문화에 관심을 가지는 청년층이 늘어나면서 그들을 "합한족"이라고 지칭하여 한류가 중국 언론이나 여론 등의 입에 오르내릴 만큼 이례적인 현상이 대두되기도 했습니다. 한류 1기는 중국에 문화콘텐츠가 수출되어 인기를 끌었고 단순히 중국에만 그 영향이 국한되지 않고 중국문화권에 속한 여러 국가에까지 미치는 등 콘텐츠 수출의 희망을 보여준 시기를 의미합니다. 이를 계기로 일본이나 미국 등 우리보다 문화콘텐츠가 우수한 국가에도 한류 문화를 수출할 수 있는 디딤돌이 되었지요.

한류 1기가 주로 동일문화권에 속한 아시아를 중심으로 확장되었다면, 한류 2기는 콘텐츠 산업에 있어서 선진국이라고 할 수 있는 일본 및 서방국가까지 확장되는 특성을 보여주고 있습니다. 2003년 한국 드라마 '겨울연가'가 우리보다 문화콘텐츠가 우수하다고 알려진 문화선진국 일본에 수출되어 엄청난 인기를 끌었지요. 이는 드라마 수출로 인한 콘텐츠 수출만이 아닌 그 외의 한국 드라마와 한국 스타를 향한 팬문화·한국 문화와 한국 상품 및 한국 여행 등의 부가가치를 창출하며 제2의 문화콘텐츠 수출을 주도하였습니다. 또한 중국에 수출된 한국 드라마 '대장금'도 큰 인기를 끌면서 '대장금'이라는 하나의 콘텐츠뿐만이 아니라 콘텐츠에서 파생된 다른 콘텐츠도 수출되는 현상이 '겨울연가'와 동일하게 발생했습니다. 이는 콘텐츠가 하나의 콘텐츠 역할만을 하는 것이 아니라 여러 콘텐츠의 근원이 될 수 있는 가능성을 보여주었으며, 한류 현상은 국가브랜드를 제고하는 역할을 했고 드라마가 한국 기업의 역할과 더불어 한국외교관의 역할까지 수행할 수 있음을 의미했지요.

한류 1기나 2기의 한류열풍에는 다소 드라마의 강세가 두드러졌

으나, 인터넷의 활성화로 Youtube라는 동영상 공유 매체가 생겨났고, 이에 드라마가 아닌 K-pop이 한류의 중심에 설 수 있게 되었습니다. 이와 같이 한류 3기는 한국의 문화콘텐츠가 다양화된 시기를 의미하지요. Youtube는 영상을 업로드하며 공유하는 시스템으로 드라마보다 짧고 강렬한 K-pop 영상이 공유되기에 더욱 유리하였습니다. 가수 '동방신기'를 시작으로 '빅뱅', '소녀시대', '샤이니', '2PM', '비스트', '씨앤블루'와 '2NE1' 등과 같이 한국 "아이돌 붐"이 일어나기 시작하면서 외국 팬들이 마니아 계층을 이루고 가수들의 춤을 따라 하는 동영상을 Youtube에 재업로드하는 등의 움직임이 나타났지요. 이에 여러 국가의 사람들이 쉽게 접할 수 없었던 한국문화를 손쉽게 접할 수 있게 되었으며, 일방향성으로 흐르는 문화로부터 쌍방향성 네트워크 형성이 가능한 형태로 새롭게 탄생되었습니다. 다른 나라의 POP에 비해 다소 반복적이고 중독성이 강한 음악형태와 실연자의 외적인 모습 및 퍼포먼스가 강조된 K-pop은 다른 문화와 확연히 구별되고 있습니다. 이러한 특징들이 외국인들의 마음을 사로잡으면서 K-pop 가수들의 춤과 노래를 따라 부르는 패러디로까지 이어지면서 K-pop이 한류의 중심에 서서 전 세계에 퍼져나가게 되었습니다.

나한류: 한류를 시기별로 구분하는 방법이 있는지요?

최창현: 한류를 시기별로 1.0, 2.0, 3.0, 4.0으로 구분하기도 합니다. 한류 1.0은 영화, 한류 2.0은 K-Drama, 한류 3.0은 K-pop, 그리고 한류 4.0은 K-Culture와 K-Style을 키워드로 제시하고 있습니다. 한류 1.0 영화, 한류 2.0 한국 드라마로 그리고 한류 3.0 K-pop으로

한국에 관심을 가지게 된 세계의 한류 팬들이 한글, 한식 등 한국 문화 전반에 대하여 관심을 가지게 되는 현상을 한류 4.0이라고 합니다. 이러한 한국 문화 전반에 대한 애정 속에서 한류 4.0은 연예기획사들과 한류 스타들의 각종 비즈니스와 퍼블리시티권 라이선싱 위주로 향후 장기적이고 지속적으로 성장, 발전할 것으로 전망하고 있습니다. 아직 한류 3.0은 제대로 성숙하지 않은 단계이지만, 한류 3.0의 진행 과정에서 한류 4.0의 씨앗이 뿌려져 이미 발아하고 있다고 전망하고 있는 것이지요.

한류의 발전단계

세대	한류 1.0	한류 2.0	한류 3.0
장르	영화	드라마	K-pop
역할	한류 생성	심화	다양화
인식	폭력적, 명상적	이국적 로맨스	쇼, 오락
대표 콘텐츠	박찬욱, 김기덕	<풀하우스>, <시크릿가든>	소녀시대(GG), 빅뱅(BB), SHINee
청중	제한적, 마니아층	18~30세	10~30세
추세	정체	느린 성장	빠른 성장
기간	1997년~	2000년대 중반	2000년대 후반

제 3장
한류 열풍의 등장

나한류: 한류 열풍이 대단하다는데 어느 정도인가요?

최창현: 방탄소년단(BTS)이 전 세계적으로 한류 열풍을 일으키고 있습니다. 방탄소년단은 '쩔어', '불타오르네'(FIRE), '피 땀 눈물', '상남자', '세이브 미', '낫 투데이', '봄날', 'DNA', '댄저', '아이 니드 유', '호르몬 전쟁'에 이어 '마이크 드롭' 리믹스 버전이 12번째로 1억뷰를 돌파하며 한국가수 최다 1억뷰 돌파 뮤직비디오 보유 기록을 세우게 됐습니다. (2018년 1월 2일 기준).

나한류: 전 세계 음원 차트를 휩쓸고 있는 거군요.

최창현: 예. 60여 개국의 아이튠즈에서 1위를 석권했습니다. 소속사 빅

히트 엔터테인먼트에 따르면, 방탄소년단과 세계적인 DJ 스티브 아오키(Steve Aoki), 신예 래퍼 디자이너(Desiigner)의 컬래버레이션으로 화제가 됐던 '마이크 드롭' 리믹스 버전 뮤직비디오는 벌써 유튜브 조회수 1억 건을 넘었고 약 60여 개국에서 동시에 아이튠즈 1위 곡으로 등극했답니다.

나한류: 60여 개국에서 콘서트 하는 것은 거의 불가능할 것 같은데요?

최창현: 방탄소년단 같이 인기가 많고 바쁜 아이돌 그룹은 전 세계 각 국가를 일일이 자주 방문해 콘서트를 하기 현실적으로 불가능하니 홀로그램(hologram) 기술을 도입해 홀로그램 BTS 공연을 하거나 홀로그램 상설 케이팝 공연장을 준비하는 것도 한류 관광객을 유치하는 데 도움이 될 수 있습니다.

나한류: 자, 그럼 전반적으로 한류에 대해 말씀해 주십시오.

최창현: 2002년 일본에서 방영된 '겨울연가'라는 드라마가 대인기를 끌면서 '한류열풍'이라는 단어가 탄생하게 되었는데요. 겨울연가가 인기를 끌 당시 일본의 NHK방송에서 한국어 강좌가 생겨 한국어를 공부해 DVD를 사서 다시 볼만큼 많은 인기를 끌어 화제가 되었습니다. 실제 겨울연가의 촬영 현장들은 수많은 일본 관광객을 불러모아 관광 수입 또한 크게 책임지고 있었을 정도였으니 이때부터 한류의 시작이었다고 볼 수 있습니다.

최창현: 겨울연가가 일본을 휩쓸어 놓은 뒤 이번에는 동남아시아 전역을 뒤흔드는 한류가 나타났는데요. 한국의 아이돌을 대표로 한 'K-pop'이 동남아시아를 필두로 유럽전역을 휩쓸기 시작했습니다. 따라 부르기 쉬운 노래와 체계적인 소속사 관리 하에서 이루어진 화려한 퍼포먼스들이 큰 힘을 발휘하면서 대중들의 관심을 끌며 인기를 받았습니다. 그 탄력을 받아 작년에는 가수 싸이가 '강남스타일'이라는 곡으로 전 세계 사람들이 말춤을 추게 만드는 진풍경을 만들기도 했었죠.

나한류: 유튜브 조회수로 한류 열풍을 알 수도 있다는데요?

최창현: 2010년 한해 동안 세계적인 동영상 사이트인 유튜브에 등록된 한국 가수(SM엔터테인먼트·YG엔터테인먼트·JYP엔터테인먼트 등 3대 가요기획사 소속)의 전체 동영상 923개를 분석한 결과를 보면 알 수 있습니다. 분석 결과 지난 한해 동안 전 세계 229개 국의 네티즌들이 한국 가수들의 동영상을 조회한 횟수는 모두 7억 9357만여 건이었습니다. 대륙별로는 ▶ 아시아(5억 6627만여 건) ▶ 북미(1억 2347만여 건) ▶ 유럽(5537만여 건) 순이었지요. 특히 미국의 경우, 조회수만으론 여전히 아시아 지역의 비중이 컸지만, 국가별로 살펴볼 경우 미국(9487만여 건)이 일본(1억 1354만여 건)·태국(9951만여 건)에 이어 3위를 기록하였습니다. 미국이 한류의 주요 시장으로 떠오른 것이지요. 1960~70년대 팝송을 들으며 성장했던 중년층의 입장에서 볼 때 대단한 변화라고 할 수 있습니다.

나한류: 과거에 실크로드를 통해 한국은 문화를 전수받았지만 이제는 한류로드를 통해 전 세계에 문화 콘텐츠를 전달하는 위치에 있게 되었네요.

최창현: 최근에는 중국이 2049년 완공을 목표로 일대일로(一帶一路)라는 신실크로드 경제벨트를 구상하고 있습니다.

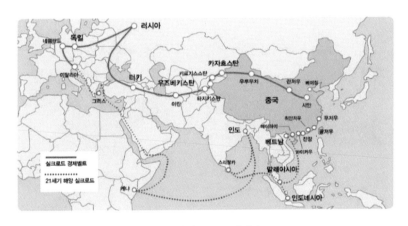

중국의 신실크로드 일대일로

나한류: 중국의 일대일로 정책처럼 한국 정부도 한류로드 정책을 준비하고 지원해야 하지 않나요? 한국도 한류로드를 바탕으로 경제 문화의 신한류로드를 추진하려는 정책이 필요하다고 생각합니다.

최창현: 팔길이 원칙(arm's length principle)은 '지원은 하되 간섭은 하지 않는다.'라는 뜻입니다. 다시 말하면, 정부에서 지원을 하지만 민간의 자율성을 최대한 보장한다는 취지를 담고 있지요. 팔길이 원칙은 영국이 고안해 낸 것으로서, 1945년 예술평의회(Arts Council)를 창설하면서

예술을 정치와 관료행정으로부터 거리를 두도록 하기 위해 이 원칙을 채택하였습니다. 한류 정책도 정부가 촉매자 역할을 하기보다는 지원자 역할을 하는 것이 바람직하고, 때로는 콘텐츠 융복합의 건축가 역할도 필요합니다.

  방탄소년단이 60여 개국에서 1위를 한 지역을 앞서 신실크로드 일대일로와 대비해 보면 한류로드가 더 광범위하다는 것을 알 수 있습니다. 이 한류로드를 발판삼아 경제로드로 뻗어나가야 할 것입니다.

방탄소년단 '피땀눈물' 점령지역

출처: https://omonatheydidnt.livejournal.com/18987228.html

제 4장

사드(THAAD)와 한류

나한류: 사드로 인하여 중국인들의 반한 감정이 지속되는 가운데 한류의 인기 또한 잠시 주춤하고 있습니다. 한중관계의 악화로 가장 큰 한류의 소비자인 중국이 외면한다면 한류의 인기도 하락하는 것이 아닐까요?

최창현: 사드로 촉발된 반한 감정과 경제 제재는 당분간 피하기 힘들어 보입니다. 하지만 중국이 3대 교역국가인 한국에 대하여 수출입을 강하게 규제한다면 중국 경제성장에도 악영향을 미칠 수 있습니다. 그렇기 때문에 반도체와 같은 교역물품의 경우 강한 규제는 힘들지만, 한류에 대한 규제는 당분간 강하게 시도할 것으로 전망합니다.

반한 감정을 부추기며 다양한 비관세 장벽을 적극 활용하고 있는 중국은 자국 경제에 영향이 미미한 한류 문화콘텐츠의 유통 및 교류를 엄격하게 제한하고 있습니다. 또한 화장품과 같은 완제품 수입에 대한 규제와 한국 기업의 중국 투자 불허 및 중국 기업의 한국 기업 투자 및 송금 제재 등 그 방법도 다양하게 나타나고 있지요.

나한류: 중국이 한국의 사드배치에 대해서 문화적으로 보복을 하는 건데, 사실 한류로 대표되는 문화예술 부분은 동네북이라는 생각이 듭니다. 정치 외교 쪽 문제가 문화예술계로 불똥이 튄 거 같아서 안타깝습니다.

　그런데 중국인들의 사드에 대한 반발을 단순한 정치적 속내로만 봐서는 안될 것 같습니다. 그간에 쌓여있는 한국에 대한 불만이 아닐까 생각이 됩니다. 그중에는 한류에 대한 반감도 포함되어 표출되는 것이 아닐까요?

최창현: 그렇다고 할 수 있습니다. 대다수의 한국 기업들이 중국의 시장 규모만 믿고 '대박'을 꿈꾸며 중국 소비자를 이른바 '봉'으로 보는 경우가 많습니다. 지속가능한 사업 파트너보다는 한순간 돈을 벌고 빠지려는 성향을 보이지요. 특히 한류를 이용하여 중국인들에게 소위 '단타'를 치려는 사업가들도 많이 있습니다. 바가지 요금으로 구성된 저가 여행상품, 한류만 내세우며 품질과 서비스가 수준 이하인 중국 내 한국 상품점 또는 음식점들을 예로 들 수 있지요.

나한류: 급속도로 냉각된 한중관계에서 앞으로 한류는 어떠한 방향으로 나아가야 할까요?

최창현: 이럴 때일수록 '한류'라는 이름만에 기댄 사업방식이 아닌 진정

한 실력으로 그들에게 신뢰를 주어야 합니다. 중국 정부와 소비자들의 신뢰를 얻기 위해서는 '협의'를 중시하여야 합니다. 한류에 대한 좋은 이미지를 중국인들에게 심어줄 수 있도록 신의와 의리로 다가가야 할 것입니다.

제2부

복잡계 관점에서 본 문화력과 한류

제1장
복잡계 이론과 특성

나한류: 복잡계 과학에서 이야기하는 '복잡계'란 노벨물리학상 수상자인 머레이 겔먼 교수에 의하면 "그 특징이 구성요소들을 이해하는 것만으로는 완벽히 설명이 되지 않는 시스템"이라고 하였습니다. 복잡계란 무엇인지 자세한 설명을 부탁드립니다.

최창현: 복잡계는 시스템 내에서 그 요소들의 상호작용을 통해 얽혀있는 많은 부분, 개체, 행위자들로 구성되어 있습니다. 산타페 연구소의 경제학과 교수 브라이언 아써는 "복잡계란 무수한 요소가 상호 간섭해서 어떤 패턴을 형성하거나, 예상 외의 성질을 나타내거나, 각 패턴이 각 요소 자체에 되먹임 되는 시스템이다. 복잡계는 시간의 흐름에 따라 끊임없이 진화하고 펼쳐지는 과정에 있는 시스템이다."라고 정의내리고 있습니다. 예일대 심리학과 제롬 신져 교수는 "복잡계란 상호작용

하는 수많은 행위자를 가지고 있어 그들의 행동을 종합적으로 이해해야만 하는 시스템이다. 이러한 종합적인 행동은 비선형적이어서 개별 요소들의 행동을 단순히 합해서는 유도해 낼 수 없다."라고 말한 바 있지요. 이를 정리하자면 복잡계(complex system)란 수많은 구성요소들의 상호작용을 통해 구성요소 하나하나의 특성과는 사뭇 다른 새로운 현상과 질서가 나타나는 시스템을 의미합니다.

나한류: 간단히 말해서 복잡계 이론은 아무리 복잡한 체제라도 단순한 규칙에 의해 지배된다는 것이라고 할 수 있군요.

최창현: 예를 들어 하늘을 나는 새나 바다 속의 물고기를 생각해 보면 이들은 매우 복잡한 행태를 보이면서 이동하지만 절대로 서로 충돌하지 않는 것과 같은 이치입니다. 새의 이동을 예로 들어보면, 컴퓨터로 그들의 단순한 세 가지 규칙(1. 앞에 가는 새가 리더, 2. 일정한 거리유지, 3. 일정한 속도유지)만을 프로그램하고 모의실험 해본 결과, 새무리가 서로 충돌 하지 않으면서 모든 장애물을 피해 날아가는 것으로 입증되었습니다. 이러한 모의실험과 자연계의 현상이 시사하는 바는 사회체제가 복잡하기는 하지만 우리가 고안한 관리 원칙이 너무 많고 복잡하지 않은가 하는 의문들이 복잡계라는 학문의 시작이라고 할 수 있습니다. 즉, 복잡계(complex system)란 수많은 구성요소들의 상호작용을 통해 구성요소 하나하나의 특성과는 사뭇 다른 새로운 현상과 질서가 나타나는 시스템을 의미합니다. 간단히 말해서 복잡성 이론은 아무리 복잡한 체제라도 단순한 규칙에 의해 지배된다는 것입니다.

나한류: 혼돈의 가장자리는 무엇입니까?

최창현: 변화하는 환경에 적응하며 진화해가는 생명체들의 원리를 탐구하다 보니 이들은 안정된 균형상태도 아니고 무질서한 혼돈상태도 아닌 중간상태에 있을 때보다 잘 적응한다는 사실이 밝혀졌습니다. 균형상태에서의 작은 변화는 균형으로 다시 되돌아가려는 성질을 갖고, 혼돈상태에서의 작은 변화는 차별화되지 못하고 묻혀버리기 때문입니다. 이에 반해 균형과 혼돈의 중간 상태에서 일어난 변화들은 풍부한 형태를 갖게 되는데 이러한 중간 상태를 '혼돈의 가장자리'라고 부릅니다.

BTS의 인기가 서서히 전 세계적으로 누적되어 나가다가 미국에서의 데뷔 이후 급격히 그 인기가 폭발한 현상이 이에 해당됩니다. 전세계 청소년이 공명장이 형성되어, 혼돈의 가장자리(the edge of chaos)인 전환점에 빠져든 것이지요. 전환점(tipping point, 혹은 분기점)이란 어떠한 현상이 서서히 진행되다가 작은 요인으로 한순간 폭발하는 것을 말합니다. BTS는 외부에서 K-con이나 윙즈투어(Wings Tour) 개최라는 에너지의 유입 또는 충격이 있었지만, 이미 K-pop을 사랑하던 사람들이 모여 원조 아미(BTS 팬클럽)가 만들어졌지요.

제 2장
문화콘텐츠의 창발성

나한류: 창발성은 무엇입니까?

최창현: 창발성(Emergence)이란 시스템의 각 부분들의 성질만을 이해해서는 예측하기 어려운 성질이 시스템 전체의 수준에서 나타나는 현상을 말합니다. 개미나 꿀벌 집단이 보여주는 놀라운 사회적인 질서는 이들을 한 마리씩 떼어 놓고 관찰할 때에는 유추해내기 어렵습니다. 마찬가지로 금융시장의 복잡한 메커니즘이나 인터넷 상의 사이버 공간에서 벌어지는 놀라운 현상들은 거래인 한 사람, 네티즌 한 사람씩을 따로 떼어놓고 본다면 이해하기 어려운 현상이며 이를 '창발'이라고 합니다. 다시 말해서 유기체의 창발성이란 복잡한 과정이 예측되지도 않고 누적되지도 않는 결과로 나타나는 것을 말하며, 창발적 성질이란 존재하는 것을 벗기는 것이 아니라, 그때까지 존재하지 않던 것이 새

로 튀어나오는 과정을 강조하는 것이지요.

나한류: 새로운 관계가 계속 돌출하면서 전체 체계가 다양하고, 풍부하고, 복잡하게 진화하는 것으로 이해할 수도 있겠네요.

최창현: 네, 그렇습니다. 그리고 이는 경영과 경제 현상을 기계론적인 인식에서 유기체적인 인식으로 보도록 전환하는 계기를 제공하게 되는 것이지요. 세상은 여러 층이 존재하는 위계 구조로 되어 있기 때문에 각 단계에서 일어나는 창발적인 형상을 그보다 한 단계 낮은 단계로 환원하여 설명할 수는 없습니다.

생물학자 마이어와 머피에 따르면, 어떤 체계를 구성하고 있는 부분들을 조립하면 새로운 성질이 탄생하는데, 새로운 성질은 부분에 대한 지식으로는 전혀 예측할 수 없는 성질을 갖는다고 합니다. 예측할 수 없는 성질과 생물계의 낮은 단계에 있는 부분들의 성질에 영향을 미친다는 것은 예측 불가능성에도 불구하고 자기조직화적 진화 과정을 통하여 새로운 질서, 즉 분산 구조로 도약해 나갈 수 있다고 하는데 이를 '자기조직화'라고 하지요.

복잡계이론의 중요한 한 가지 특징이 자기조직화입니다. 자기조직화란 불균형 상태에 있는 시스템이 구성요소들 사이에 집합적인 상호작용을 통해 조직화된 질서를 스스로 만들어내는 현상을 말합니다. 실리콘밸리는 끊임없이 자본이 들고 나가기를 반복하여 수없이 많은 기업들이 생겼다 사라지는 불균형한 시스템이지만, 그 안에서는 관련 기업들 사이의 다양한 경쟁과 협력구조가 맺어지면서 전체적으로는 새로운 산업변화를 선도해 나가는 것을 볼 수 있는데 이러한 현상은 '자기조직화'의 대표적인 예입니다. 비선형 순환체제가 평형으로부터

멀어져 혼돈으로 갈 때, 그것은 동시에 자기조직화 과정을 통해서 예측이 불가능하고 더욱 복잡한 행태의 형태를 나타냅니다. 프랙탈은 자기조직화하는 체제의 증거입니다.

나한류: 프랙탈은 무엇인가요?

최창현: 프랙탈은 어떠한 물질을 부셔도 전체의 모습을 유지하고 있다는 의미인데 프랙탈의 형태는 자기 모양과 유사합니다. 다시 말하자면, 이것은 크기면에서도 유사한 구조를 가지는 것으로, 현재 자연계에서는 평범한 특성으로 알려져 있습니다. 눈송이는 나뭇잎과 마찬가지로 좋은 예라 할 수 있습니다. 구름을 관찰해 보면 자연적인 자기 조직화와 복잡한 패턴의 증거에 대해서 더 잘 알 수 있습니다. 다른 의미로, 자연에서 비선형 순환체제에서는 계속적으로 창조적이며 혁신적인 행태가 나타납니다. 안정성과 불안정성 사이의 경계에서 체제는 끊임없이 창조적인 형태의 줄기를 도출해 냅니다. 실험가들은 산출이 경계의 조건에서 작용해야 하는 영향력에 대해서 조사하고 있습니다. 즉, 이것은 행태가 나타나게 되는 환경이나 상황에서 작용해야 하는 것입니다. 그들은 체제가 어떻게 될 지에 관해서 확정적인 용어로 결정 내릴 수 없습니다. 그들이 할 수 있는 모든 것은 적절한 환경적 조건이 창출되었을 때 행태의 일반적 패턴을 야기해 내는 것입니다.

자기조직화 관점에서 보면, 질서는 외생적 혹은 내생적인 요인에 의해서가 아니라 자생적으로 만들어집니다. 중앙집권적 지시보다는 상호 조정과 자기 규제에서 질서가 창출되며, 위에서 아래로가 아니라 아래에서 위로의 방식으로 형성됩니다. 질서란 개별 요소들의 집합이 아니라 개체가 소유하지 않던 특성을 갖게 됨을 의미하지요. 자율적인 행위자들의 행동은 분권적 방식으로 결합하기 때문에 분산적 혹은 분권적이라고 기술됩니다. 그래서 창발성은 자기조직화가 체제 외부에서 강요될 수 없으며, 체제 내에서 기능하는 내재적인 것입니다. 조직은 체제의 구성 요소로 짜 맞춰지는 것이 아니라, 구성 요소의 상호작용에 의해 만들어지는 것이지요. 국지적인 규칙에 따라 활동하는 국지적 단위 혹은 행위자들은 상호작용에 의해 체제의 조직을 만들어 낸다고 할 수 있습니다.

나한류: 최근 문화콘텐츠의 융복합(convergence) 움직임이 활발하게 나타나고 있습니다. 두 개 이상의 각기 다른 장르나 콘텐츠가 화학적 결합을 통해 새로운 장르 혹은 콘텐츠로 생겨나거나(융합), 혹은 각기 다른 장르나 콘텐츠가 물리적으로 연동되거나 동시 존재함으로 인해 시너지 효과를 발휘(복합)하는 것이지요.

최창현: 융복합은 물리적으로 연동되거나 동시에 존재하여 기존 장르에서의 시너지 또는 새로운 장르를 창출함과 더불어 콘텐츠 산업의 새로운 혁신을 직·간접적으로 유발시키는 것을 의미한다고 할 수 있습니다. 각 영역별로 수직적으로 구분되어 있던 과거의 밸류체인을 탈피해, 다양한 장르에서 통용될 수 있는 수평적 CPND 밸류체인 또는 수익모델의 융합 트렌드라고 할 수 있지요.

2015년 PwC 보고서에 따르면 디지털 콘텐츠의 온라인 가입형 서비스 모델이 융복합 트렌드의 하나라고 제시합니다. 음악, 매거진, 출판, 비디오 게임 등 다양한 장르에서 개별 콘텐츠를 구매/소유하지 않고, 월 정액으로 가입해서 스트리밍 혹은 다운받는 모델이 확산되는 추세입니다. 출판 시장에서는 컨슈머용 이북 시장이 전체 시장의 성장을 주도하고 있는 가운데, 컨슈머용 이북 시장에서는 가입형 서비스가 중요한 성장요인이 되고 있지요. 음악 시장에서는 Sportify나 Pandora 같은 가입형 음악 스트리밍 서비스가 침체된 음악시장에서 불법복제의 대안으로 주목을 받고 있습니다. 비디오 게임 시장에서도 전통적 게임 매출이 2019년까지 4.9% 증가하는 주요 요인으로 디지털 형태로 유통되는 가입형 서비스가 지목되었습니다. 또한 매거진 시장에서도 소비자들이 value for money를 중시함에 따라 동일한 가격과 콘텐츠라면 가입형 모델을 주목하게 될 것이라고 전망하였습니다. 실제로 B2B 시장에서 성공한 PressReader 같은 기업들이 호텔과 도서관, 여행사들에 가입형 매거진 서비스를 제공하고 있지요.

나한류: 방탄소년단의 폭발적 인기를 복잡계 이론적 측면에서 어떻게 설명할 수 있을까요?

최창현: 다음과 같은 여섯 가지 단계를 거쳐 지금의 인기를 얻었다고 볼 수 있습니다.

1) 전 세계 청소년들 사이에는 공명장이 형성되어, 혼돈의 가장자리(the edge of chaos)인 전환점에 빠져들었다. 전환점(tipping point, 혹은 분기점)이란 어떠한 현상이 서서히 진행되다가 작은 요인으로 한순간 폭발하는 것이다. 쉬운 예를 들면 바닷가 모래 더미 위에 모래 한 줌을 올려 놓으면 모래 더미가 와르르 무너져 내리는 임계점(critical point)을 말한다. 방탄의 인기가 서서히 전 세계적으로 누적되어 나가다가 미국에서의 데뷔 이후 급격히 그 인기가 폭발한 현상이 이에 해당된다.

2) 외부에서 K-con이나 윙즈투어(Wings Tour) 개최라는 에너지의

유입 또는 충격이 있었다.

3) 이미, K−pop을 사랑하던 사람들이 모여 원조 아미가 만들어졌다.

4) 원조 아미에 참여한 사람들 간에 편차증폭 순환 고리(positive feedback loop)가 생기면서 수확체증의 법칙이 작동했다. 일반적으로 토지, 노동, 자본과 같은 생산요소는 '수확체감의 법칙'이 적용된다. 즉, 생산요소를 증가 투입시키면 한계 생산물이 지속적으로 감소한다. 그러나 문화콘텐츠 등과 같은 지적 자본은 오히려 수확체증의 법칙이 적용된다. 예를 들면, 기업의 종업원이 업무를 처리하는 과정에서 얻은 지식이나 노하우는 그것을 쓸수록 더 발전하고 새로운 노하우를 발견하는 토대가 된다. 왜냐하면 지적 자본은 제한된 자원이 아니기 때문에 기존의 지식과 경험 등에 의해 무한히 새로 개발되기 때문이다. 또한 조직성원들과의 지식 공유 등을 통해서 시너지 효과가 발생, 새로운 지식이나 노하우 등이 창조될 수 있기 때문이다. 지적 자본의 개발, 통제는 정보화시대에 더 높은 생산을 위한 중요한 요소다.

5) 원조 아미들 사이에 자기조직화(self−organizing) 현상이 일어나고, 그 결과로 작은 프랙탈(fractal)이 창발(emergence)했다.

6) 원조 아미들에서 시작된 작은 프랙탈은 주변의 다른 국민들과 공명하고 BTS의 좋은 노래와 공연이 공진화(co−evolution)하면서 더욱 큰 프랙탈로 확대 재생산되었다.

제 3장
문화콘텐츠의 공진화

나한류: 공진화란 무엇인가요?

최창현: 공진화(coevolution)는 상호 의존적인 종들이 서로 영향을 주면서 함께 진화하는 것을 말합니다. A라는 종의 변화가 B라는 종의 생존 환경을 만들고, 다시 B의 변화가 A의 생존 조건이 되는 연속적인 과정입니다(Moore, 1996; 12). 예를 들면 사자가 약한 얼룩말을 잡아먹기에 얼룩말은 더 빨라지고, 빨라진 얼룩말을 잡아먹기 위해 사자가 더 빨라지는 식으로 진화하는 것이 공진화의 개념입니다.

나한류: 공진화 이론은 개체의 돌연변이가 환경에 의해 선택된다는 적자생존의 논리를 벗어나서, 실제의 진화는 개체가 전체를 진화시키고 전체가 개체를 진화시키는 상호 진화의 과정이었음을 보여주는군요.

최창현: 진화는 하위 체제의 구성 요소들이 공진화를 통해 만들어내는 질서로 상위 체제의 자기조직화 과정이라고 볼 수 있습니다. 체제 내의 한 요소가 다른 요소에게 미치는 영향이 순환고리가 되어 자신에게 돌아오는 순환적인 특성은 결국 '자기인과성(self-causality)'으로 일컬어지는 것이지요. 예컨대 꿀벌의 사회는 식물 체계, 곤충, 동물, 인간 사회와도 구조적으로 연결되어 있습니다. 그리고 이러한 연결은 인간의 인식 수준에서만 분리되어 있을 뿐이지요. 모든 체제는 다른 체제와 구조적 연결을 통해 자기조직화되며, 이때 공진화 메커니즘이 작용한다고 할 수 있습니다.

나한류: 순환고리란 무엇인가요?

최창현: 순환이라 함은 쉽게 말해서 돌고 도는 것일테고 그것이 고리로 연결된 것을 순환고리라고 보면 됩니다. 학문적 용어라 표현이 어려워서 그렇지 알고 보면 쉽습니다. 쉽게 예를 들어, 중앙 난방 시스템은 편차상쇄 순환고리의 방식으로 통제됩니다. 적정 온도를 설정해 놓으면 감지기는 방의 실제 온도를 측정하여 적절 온도와의 차이를 대조합니다. 만일 온도가 너무 낮으면 시스템을 작동시키고 온도가 너무 높으면 시스템을 중지시킴으로써 그 편차를 통제 시스템으로 전달합니다. 이러한 순환고리는 본래의 편차를 차감하거나 상쇄하는 편차상쇄의 방식입니다. 순환고리 중 특히 비선형순환고리 체제는 초기조건에 고도로 민감한 반응을 보이는 것으로 이해되고 있으며 이는 사소한 오차 혹은 체제의 사소한 노이지가 체제의 행태에 엄청난 질적 변화를 일으키는 방향으로 증폭될 수 있다는 의미입니다.

나한류: 한류 등 문화의 경우 SNS를 통해 전 세계 팬들과 소통하려는 노력이 팬들에게 영향을 미치고, 다시 팬들의 엄청난 리트윗 반응으로 공진화 해오고 있는 것이군요.

제 4장
국가전략과 소프트파워로서의 문화력

나한류: 국가전략(nationalstrategy)이란 국가가 주어진 환경에서 자국의 가용자원을 효과적으로 활용하여 국가의 이익과 목표를 실현하는 데 필요한 중장기적 행동원칙과 이념 및 수단을 의미합니다. 21세기의 국가전략은 매우 중요하다고 생각하며 여기에는 문화력도 중요한 역할을 할 것으로 전망합니다.

최창현: 세계는 지금 급속한 변화의 과정을 겪고 있습니다. 산업화에서 민주화로, 민주화에서 글로벌화, 디지털화, 네트워크화로 패러다임이 급속하게 이동 중이지요. 이런 패러다임의 변환에는 그에 맞는 국가전략이 반드시 필요하다고 할 수 있습니다.

　국가전략에서 가장 중요시해야 하는 것이 바로 국가이익(national‒interests)과 국가목표(nationalobjectives)입니다. 국가의 이익을 위해 국가의 목표를 설정하고 그 목표를 실현하기 위해 국가전략을 수립합니다. 국가이익은 역사, 문화, 전통, 가치, 규범, 그리고 국가가 처하게 되는 시대적 상황에 따라 다소 상이할 수 있지만 일반적으로 국가의 자기보존, 국가의 번영과 발전, 국위선양, 국민이 소중히 여기는 가치와 체계의 보존 및 신장 등을 추구하고 수호하려는 것을 의미합니다.

나한류: 어느 한 국가의 국력(national power)을 말할 때 군사적 제국주의(military imperialism) 시대에는 국방력이, 경제적 제국주의(economic imperialism) 시대에는 경제력이 중요한 요인이었습니다. 문화 제국주의(cultural imperialism) 시대에는 문화력(cultural power)이 주요한 요인이라 할 수 있지요.

최창현: 국제정치학자들은 일반적으로 국력을 인구, 천연자원, 국방력, 경제력, 국민의 사기, 정부의 지도력, 외교기술 등의 구성요소들의 종합적 힘으로 정의합니다. 국제정치이론의 주류를 형성해 온 현실주의 이론은 국력을 한 국가가 '상대국에 대해 영향력을 행사하는 힘'으로 규정하고 있지요. 국력을 권력개념으로 정의하고 있는 현실주의 이론이 국력 구성요소 중 가장 중요시 하는 요인은 국방력 기반의 경제력 또는 세력균형 수단으로서 경제력을 활용하는 방법에 초점을 맞추고 있습니다. 국가발전론의 경우 국력은 경제 및 산업발전이라는 국가정책 목표를 달성하기 위해 정치·사회적 역량을 결집시켜 나가는 국정관리력과 동일시되는 경향이 있습니다. 시대 변화에 맞춰 이제는 과거 군사적 제국주의나 경제적 제국주의 시대에 강조되어온 국방력이나 경제력 등의 하드파워적인 요소 뿐 아니라 국정관리력, 정치력, 외교력, 문화력, 사회자본력, 그리고 변화대처력 등의 소프트파워적 요소도 중

요한 시대가 되었습니다.

나한류: 소프트파워란 무엇인가요?

최창현: '소프트파워'란 국력을 구성하는 하드파워에 대응하는 개념으로서 상대방을 매료시켜 상대방이 자발적으로 마음을 바꾸어 원하는 바를 얻어 내는 능력입니다(Nye, 2004). 한 국가의 종합국력의 상당 부분을 차지하는 소프트파워는 정부, 시장, 그리고 시민의 협치를 통한 국정관리력, 이들 3자 간의 권위적 권력 분배를 담당하는 정치력, 타 국가와의 관계를 담당하는 외교력, 창의력이 중요한 사회에 절실한 문화력, 사람들 간의 관계에서 발생하는 힘 등의 무형자산을 의미하는 사회자본력, 그리고 급변하는 국제 환경에 장기적인 안목으로 능동적으로 대처할 수 있는 변화대처력 등으로 구성되어 있고, 국가가 추구하는 목표를 실제로 구현할 수 있는 능력을 의미합니다. 결국은 이러한 제반 능력들을 잘 조정하고 통합하는 것이 국가전략이라고 볼 수도 있습니다. 소프트파워는 하드파워와는 달리, 국가적 이슈를 풀어가는 단기적이고 눈에 보이는 역량을 표현하기보다는 국민 개개인, 분야의 전문성, 다원화된 사회 요소요소의 힘을 서로 융합하고 응집하여 국가적인 힘을 단단하게 하는 측면을 강조하고 있습니다.

　21세기 지식정보사회에서는 소프트파워가 주도하는 시대로 전망되며, 세계 각국은 소프트파워를 국가 경쟁력 강화전략으로 활용하고 있습니다. 문화력은 가시적인 것보다 비가시적인 부분에서 국가발전을 결정짓는 주요변수입니다(Hansun, 2014: 40-45). 소프트파워는 국가 역량을 발휘하는데 서로 적응하고, 공동작용하며, 상호 협력하여 국력의 상승효과를 제공할 수 있습니다.

제 5장
문화력과 국가경쟁력

나한류: 어느 한 국가의 국력(national power)을 말할 때 군사적 제국주의(military imperialism) 시대에는 군사력이, 경제적 제국주의(economic imperialism) 시대에는 경제력이 중요한 요인이었습니다. 이제 정보시대를 넘어 문화와 창조의 시대에는 문화력, 즉 cultural power가 주요한 요인이라 할 수 있습니다.

최창현: 지난 20여 년이 ICT 중심의 성장전략 시대인 정보사회였다면 이제는 IT를 기반으로 부가가치가 큰 창조산업(creative industries), 즉 문화를 바탕으로 한 창조적 성장전략 시대인 창조사회라 할 수 있습니다. 또한 요즈음 싸이나 K-pop 등이 주도하고 있는 한류 등의 문화력이 외국에 있는 세계의 여러 사람들에게 영향을 미치는 일국의 매력도라 할 수 있지요. 그러나 매년 예산안 발표에서 소외된 것이 문화 정책인

것 같습니다. 문화와 같은 소프트파워는 한국의 국가경쟁력, 국격, 그리고 국가 브랜드 이미지 등을 높일 수 있는 첩경입니다.

나한류: 문화력이란 무엇이며 어떻게 측정할 수 있나요?

최창현: 문화는 인간 상호간의 소통의 핵심이자 인간의 삶의 질과 행복에 큰 영향을 끼치는 유무형의 환경이고 활동입니다. 문화는 인간의 삶과 의식에 밀접한 관계를 형성하고 있습니다. 뿐만 아니라 문화는 복지, 지역교류, 평생교육, 국제외교, 산업 진흥의 필요조건으로서 우리 사회의 통합과 성장을 위한 중심 동력으로 부각되고 있지요. 최근에는 문화의 중요성이 더욱 부각되고 있습니다. 왜냐하면 문화의 가치는 문화 창의성을 북돋고, 국민 모두가 문화를 누리는 문화 복지를 달성하며 각종 사회 갈등을 문화로 치유하여 경제·사회·일상의 가치 곳곳에 문화경쟁력을 만들어 이미지를 만들기 때문입니다. 따라서 문화의 융성측면에서 문화력이란 문화산업·예술·관광·체육 등 문화 분야 역량이 향상되고, 문화 창작의 자유, 문화를 누리는 권리가 확대되며 문화콘텐츠의 성장 여건을 조성하는 개념의 포함은 물론 다른 사회 분야에 확산되고 발전에 기여하며, 문화의 인적·물적 자원이 창조적 국가성장의 중요한 동력으로 활용되는 것을 의미합니다.

문화력은 국민호감도, 문화호감도, 문화산업(E&M)경쟁력 지수, 체육 경쟁력 지수, 관광(T&T)경쟁력 지수를 지표로 측정할 수 있습니다. 문화력은 국가와 그 국민이 갖는 매력이고, 국가의 브랜드 파워이며, 보이는 것보다 보이지 않는 부분에서 국가발전을 결정짓는 주요 변수입니다. 국가 전략 측면에서 문화는 우리 사회의 통합과 성장을 위한 중심 동력이지만, 사회가 갖는 문화경쟁력은 국가이미지를 표출한다는 점에서 우리는 아직 선진국에 비해 상대적으로 부족한 편입니다. 한국은 경제적 성공 이후 문화강국 달성이 국가적 미션인 만큼, 문화적 가치 확산의 필요성이 증대되고 있습니다. 문화력은 '잠재적' 한류를 계기로 '현재적' 한류로 점차 가시화되고 물질화되고 있으며, 이는 문화력이 국력신장에 기여하고 있음을 시사합니다.

나한류: 국가경쟁력이란 무엇이며 문화력과 어떠한 관계를 가지고 있나요?

최창현: 국가경쟁력이란 좁은 의미로는 경제적 측면에서의 국가의 생산성 또는 국민 소득을 키울 능력과 잠재적인 성장 능력 등을 의미합니다. 좀 더 넓은 의미에서는 한 나라 국민들의 교육 수준, 경제력, 정치구조 등 국가의 공공과 민간 부문을 모두 합한 경쟁력이라고 할 수 있지요. 국가경쟁력에 대한 개념은 연구기관 및 학자들에 따라 다양하게 정의되고 있습니다. 국가경쟁력 개념은 연구초점과 범위를 어디에 두느냐에 따라 상이하게 정의되고 있고 Cohen(1994)이 언급한 바와 같이 국가경쟁력 개념은 여러 가지 변수를 동시에 고려해야 그 실체를 파악할 수 있는 다차원적인 개념으로 이해될 수 있습니다.

21세기 한국의 문화력은 국가발전의 근간이라고 할 수 있습니다. 한국은 현실적으로 강대국에 견줄만한 경성국력은 없더라도, 문화력을 통해 모자란 힘을 채울 수 있지요. 전통문화의 진흥은 국가의 정체성과 이미지를 형성하는 국가브랜드의 핵심입니다. 한국 문화산업의 경제적 부가가치를 높이고 국격(國格) 제고의 주춧돌이 될 창조적 문화발전전략 마련이 필요한 시점입니다. 이는 경제적으로 성장할수록 문화, 특히 자국의 전통문화를 부각하고 전통문화를 접목해 다른

사회 분야에 확산되고 발전에 기여하며, 문화의 인적·물적 자원이 창
조적 국가성장의 중요한 동력으로 활용되기 때문입니다. 문화력과 연
계하여 기 소르망(Guy Sorman, 2008)은 문화혁신을 통해 문화·관광·창
조산업을 성장시키는 전략을 추진해야 목표치 수준의 성장을 이룰 수
있고, 앞으로는 문화경쟁력이 국가경쟁력과 국가발전을 결정짓는 주
요 변수로, 조지프 나이(J. Nye, 2010)는 '지식분야를 많이 소유한 국가
도 연성권력(Soft Power) 관점에서 강대국이 될 것이다'라고 주장하고
있습니다. 결국 문화는 그 국가와 그 국민이 갖는 '매력'이고 그것이
곧 국가의 브랜드 파워가 될 것이며, 문화력은 국가와 그 국민이 갖
는 매력이고, 국가의 브랜드 파워입니다. 또한 보이는 것보다 보이지
않는 부분에서 국가발전을 결정짓는 주요 변수입니다.

　　문화력과 국가경쟁력의 관계를 분석한 결과 2015년도에는 0.75로
상당히 높은 상관관계를 보이고 있었습니다. 2009년도에는 0.62로 역
시 높은 상관관계를 보였습니다. 다시 말해 한 나라의 국가경쟁력 수
준은 문화력 수준과 관계가 높다는 것이지요. 따라서 문화산업 종사
자 인력과 관광 산업 종사자 인력의 양성이 국가경쟁력 향상에 도움
을 줄 수 있을 것입니다.

문화력과 국가경쟁력의 관계(2015년 자료)

국가명	문화력 순위	문화력 점수	문화력 '09	국가경쟁력 순위	국가경쟁력 점수	국가경쟁력 '09
ARGENTINA	15	38.06	48.58	19	3.79	3.87
AUSTRALIA	9	46.90	56.24	6	5.08	5.2
BRAZIL	11	41.99	51.26	16	4.34	4.13
CANADA	8	47.52	56.66	5	5.24	5.37
CHINA	10	43.27	68.32	9	4.89	4.7
FRANCE	4	50.11	58.53	6	5.08	5.22
GERMANY	3	50.53	62.46	2	5.49	5.46
INDIA	16	37.50	48.49	18	4.21	4.33
INDONESIA	19	32.50	43.53	10	4.57	4.25
ITALY	6	48.47	60.42	13	4.42	4.35
JAPAN	5	50.05	55.65	3	5.46	5.38
South Korea	13	38.99	49.84	8	4.96	5.28
MEXICO	14	38.91	48.61	17	4.27	4.23
RUSSIA	12	41.11	55.32	14	4.37	4.31
SOUTH AFRICA	18	35.28	45.63	15	4.35	4.41
SPAIN	7	48.17	55.95	11	4.55	4.72
TURKEY	17	36.48	46.51	12	4.46	4.15
UNITED KINGDOM	2	51.38	60.3	4	5.41	5.3
UNITED STATES	1	58.70	65.21	1	5.54	5.74

* 국가경쟁력 지표로는 2014-2015와 2008-2009 WEF의 국제 경쟁력지수(GCI)를 사용함.
* 문화력은 2009년과 2015년도 한반도선진화재단 국력연구 자료를 사용함.

제3부

한류와 콘텐츠산업

제 1장

C-P-N-D 생태계

나한류: 'C-P-N-D'란 콘텐츠(C), 플랫폼(P), 네트워크(N), 디바이스 (D)를 의미하는 약자로 스마트 산업생태계를 구성하는 네 가지 핵심 분야로 알고 있습니다. 미래창조과학부의 ICT 전담조직에서는 관련 정책기능을 총괄하면서 이 네 가지 핵심 분야에 대한 연구가 활발해지고 있는데요. C-P-N-D 생태계에 대해서 자세한 설명을 부탁드립니다.

최창현: C-P-N-D(Contents-Platform-Network-Device)에 대하여 먼저 각각의 네 가지 분야에 대해 알아보겠습니다.

C-P-N-D 구성요소 중 CONTENTS는 사전적으로 내용물, 목차라는 의미로 일반적으로 콘텐츠를 칭하는 데 있어 멀티미디어 콘텐츠, 디지털 콘텐츠, 인터넷 콘텐츠 등 혼동되어 사용되고 있습니다.

일반 텍스트정보, 비디오, 음악 등 멀티미디어 상품이나 서비스를 형성하는 지적재산권을 콘텐츠라 정의할 수도 있지요. 즉, 문자, 음성, 영상 등의 다양한 정보형태가 통합되어 생성·전달·처리되도록 하는 시스템 및 서비스에서 활용되어지는 정보서비스입니다. 인터넷이라는 열린 길을 통하여 전달되는 것은 바로 정보이므로, 정보의 질, 즉 콘텐츠의 질이 중요하다고 할 수 있습니다. 아무리 초고속인터넷, 정보고속도로를 구축했다 할지라도 그의 내용과 수준에 대해선 다시 한 번 생각해 보아야 하지요. 뉴미디어의 특징은 지금까지의 모든 미디어를 흡수하고 정보의 전달자와 수용자 개념이 진화하면서 새로운 형태의 콘텐츠 거래가 제시되고 있습니다. 따라서 정보화 시대의 콘텐츠는 단순히 내용물을 전달하는 데만 국한된 것이 아니라 동시에 상호작용 함으로써 발생하는 거래에 관한 모든 것을 담고 있다고 볼 수 있습니다.

PLATFORM이란 컴퓨터 시스템의 기본이 되는 특정 프로세서 모뎀과 하나의 컴퓨터 시스템을 바탕으로 하는 운영체제를 말합니다. 예를 들면, MS-DOS상에서 동작하는 DOS가 플랫폼이며, MS-Windows상에서 동작하는 응용 소프트웨어에 있어서는 MS-Windows가 플랫폼이지요. 또 어떤 소프트웨어가 제공하는 환경을 플랫폼이라고 하는 경우도 있습니다. MS-Windows가 제공하는 환경이 MS-Windows의 플랫폼이지요. 컴퓨터 시스템의 기반이 되는 하드웨어나 소프트웨어, 컴퓨터는 맨 아래층인 집적 회로(IC) 칩 수준의 하드웨어 층, 그 다음 층인 펌웨어와 운영체계(OS) 층, 맨 위층인 응용 프로그램 층으로 구성되는 계층화된 장치인데, 이 장치의 맨 아래 층만을 흔히 플랫폼이라고 합니다. 그러나 응용 프로그램의 설계자들은 하드웨어와 소프트웨어를 모두 플랫폼이라고 합니다. 그 이유는 하드웨어와 소프트웨어가 응용에 대한 지원을 제공하기 때문이지요. 단상, 무대 따위의 의미가 바뀌어 컴퓨터 시스템의 기반이 되는 하드웨어 또는 소프트웨어, 응용 프로그램이 실행될 수 있는 기초를 이루는 컴퓨터 시스템을 의미합니다. 예를 들면 메인프레임은 대규모 데이터베이스를 구축하기 위한 플랫폼이지요. 또 MS-DOS나 윈도 ME, UNIX 등의 운영체계는 각종 응용 소프트웨어가 실행될 수 있는 플랫폼이 됩니다. 플랫폼이라는 용어는 이제 컴퓨터뿐 아니라 각종 게임이나 PDA 등에 이르기까지 기반 시스템을 가리키는 말로 폭넓게 쓰이고 있습니다. 하나의 플랫폼은 운영체계, 컴퓨터 시스템의 보조 프로그램, 그리고 마이크로프로세서, 논리연산을 수행하고 컴퓨터 내의 데이터 이동을 관장하는 마이크로 칩 등으로 구성됩니다. 과거 대부분의 응용 프로그램들은 특정 플랫폼에서만 운용되도록 개발돼 왔지만, 최근에는 개방형 인터페이스를 통해 일부 프로그램들이 다른 플랫폼에서도 운용될 수 있도록 설계되고 있습니다. 컴퓨터의 경우, 마이크로소프트사의 Windows 운영체제나 유닉스 기반의 공개 운영체제인 리눅스(Linux)처럼 컴퓨터 시스템이 작동되도록 하는 기본 운영체제를 의미하지요.

NETWORK란 넓은 뜻으로, 지리적으로 떨어져 있는 장치(전화기, 팩스, 컴퓨터, 단말기 등) 간에 정보를 교환할 수 있도록 이들 장치를 상호 접속하기 위하여 사용되는 전기 통신 기기와 장치, 전송로의 결합을 의미합니다. 전기통신기기와 장치에는 회선 다중화 장치, 교환기기, 송수신기기 등이 포함되고 전송로는 동선 케이블, 광섬유, 마이크로파 링크, 통신 위성 등 다양한 매체로 구성되어 있습니다. 네트워크는 사용되는 단말장치 또는 서비스에 따라서 전신망, 전화망, 컴퓨터 통신망 등으로 발전해 왔으나 컴퓨터 처리와 통신의 결합으로 이들 간의 경계는 없어지고 종합 정보 통신망(ISDN)으로 발전하였으며, 컴퓨터는 컴퓨터실의 경계를 훨씬 벗어나게 되어 분산 컴퓨터 처리를 가능하게 하였습니다. 좁은 의미로, 컴퓨터 상호 간의 정보 교환과 정보 처리를 위한 데이터 통신망이지요. 통신망 운영체계, 통신망 데이터베이스 등 네트워크 관련 용어는 대부분 컴퓨터 통신망과 관련하여 사용되는 용어입니다. 네트워크의 규모에 따라 구내 정보 통신망(LAN), 도시권 통신망(MAN), 광역 통신망(WAN), 세계적 통신망 등으로 분류됩니다.

DEVICE는 일반적으로 어떤 목적을 위해 설계된 기계나 장치를 의미하며, 주변장치라고도 합니다. 컴퓨터 기술상 디바이스는 컴퓨터의 케이스나 하우징의 안팎에 있는 하드웨어의 일종으로, 컴퓨터에 어떠한 입력을 제공하거나, 컴퓨터로부터 출력을 제공받거나 또는 둘 다를 수행할 수 있는 능력을 갖고 있습니다. 각종 컴퓨터 장치들에 대해 디바이스라는 용어는 키보드, 마우스, 디스플레이 모니터, 하드디스크 드라이브, CD-ROM 드라이브, 스피커, 마이크 등 다른 하드웨어 단위들 모두에 대해 두루 사용할 수 있지요. 노트북과 같은 크기가 작은 컴퓨터에서의 디바이스란 컴퓨터의 디바이스가 아닌 부분과 함께 물리적으로 좀 더 많이 통합된 장치를 가리키는 경향이 있습니다.

제 2장

콘텐츠(Contents) 산업의 현황과 방향

나한류: 한류가 중국과 일본을 넘어 동남아로 퍼져나가는 과정에서 콘텐츠에 대한 관심도 높게 나타나고 있습니다. 한류의 열풍은 관광산업은 물론 화장품, 섬유제품, TV, 휴대폰 등 제조업의 상품판매에도 영향을 미치고 있어 콘텐츠 산업의 중요성은 경제적으로도 매우 중요하게 인식되고 있는 것 같아요.

최창현: 콘텐츠 산업은 한 나라의 사상과 정체성에 영향을 미치는 중요한 역할을 할 뿐만 아니라 기업과 국가의 이미지를 제고시키는 역할을 합니다. 경쟁력을 가진 콘텐츠 산업은 기업의 경쟁력 향상뿐만 아니라 국가이미지를 강화시키고 나아가 연관 산업과 상품의 이미지를 강화시키지요. 분명 콘텐츠 산업은 21세기 성장 동력산업입니다. 그동안 우리나라는 콘텐츠 산업 진흥을 위해서 많은 노력을 해왔지만, 아직 세계 시장에서 차지하는 비율은 그 노력에 비하여 미미한 상황입니다.

　　2008년 말 우리나라의 콘텐츠 산업 시장규모는 344억 달러(세계 8위)로 세계시장 점유율은 2.4%에 불과했습니다. 하지만 당시 기준 영화·게임·방송·음악을 비롯한 콘텐츠 산업의 시장규모는 1조 4086억 달러로 IT서비스 시장(8,198억 달러)이나 반도체 시장(2486억 달러)보다 훨씬 큰 규모였지요. 콘텐츠 산업의 중요성을 강조하는 이유가 여기에 있습니다. 2013년 말 콘텐츠 산업 매출은 약 90조 원 규모로 전년대비 4.9% 성장했으며, 수출은 전년에 비해 10.6% 증가한 약 51억 달러 규모로 나타났습니다. 이에 따라 콘텐츠 산업의 경쟁력은 그 양적 팽창과 더불어 질적 제고를 생각해야 할 시기라고 할 수 있습니다.

　　현재 콘텐츠 수요는 미디어 산업의 영역확장과 함께 사람들의 생활패턴 변화 등에 힘입어 폭발적으로 늘어나고 있습니다. 이미 스마트폰, 앱스토어, 3D 영화 등 새로운 콘텐츠 상품에서 보듯이 콘텐츠 시장규모는 전 세계적으로 계속 확대될 전망입니다. 기술과 기기 그리고 콘텐츠가 결합된 신제품이 시장을 선점하고 일자리와 이익을 창출하고 있는 것이지요. 2009년과 2010년에 걸쳐서 새로운 흥행을 기록한 영화 '아바타'만 보더라도 3D 영상혁명으로 새로운 서비스 시장을 개척하면서 수요를 창출한 바 있습니다. 국내만 보더라도 총 1300여만 명의 관객 수와 누적 매출액 1200억 원을 기록하여 영화사상 최고의 흥행실적을 올렸지요. 이렇듯 첨단기술과 결합한 콘텐츠가 새로운 수요를 유발하고 있습니다.

　　콘텐츠 산업이 신성장 동력산업으로 알려지면서 타 산업에 비해 크게 성장한 것으로 알려져 있지만 실제 10대 문화산업의 성장추이를 보면 기대보다 훨씬 미치지 못했습니다. 오히려 둔화되고 있음을 보여주고 있지요. 매출액을 보면 GDP 대비 2004년 6.05%에서 2008년에는 5.74%로 낮아지는 등 꾸준한 성장에도 문제가 제기되었습니다. 금액은 늘어났어도 경제 전체에서 차지하는 비중은 떨어진 것이지요. 수출 역시 부진을 면치 못하고 있습니다. GDP 대비 수출액은 2004년 0.37%에서 2008년 0.45%로 미약하나마 꾸준히 늘어나고 있지만 수입액과 비교하면 오히려 2008년도에는 수입(2,889,170천 달러)이 수출(1,990,374천 달러)보다 1.45배에 달하는 무역역조 현상을 보였습니다. GDP 대비 고용현황을 보면 2004년 3.10%에서 2008년에는 2.74%로 낮아지는 등 고용 역시 부진한 상황입니다. 콘텐츠 산업이 고용유발이 높은 산업상의 특성을 고려하면 고용유발효과는 극히 낮은 것이지요. 그러나 이러한 현황은 2010년을 기점으로 점차 긍정적으로 고용유발효과와 수출 증대에 기여하고 있습니다. 특히 게임과 같은 분야는 2012년까지 매출 측면이나 고용 측면 모두에서 최고점에 다다른 후 현상 유지를 하는 양상을 보였습니다. 그러나 출판 및 영화, 만화, 애니메이션 부문은 수출액이 2011년보다 다음해 하락하는 모습을 보이고 있다는 점도 눈여겨봐야 할 것입니다.

2016년 콘텐츠 산업 전망 보고서에 따르면, 2015년도 기준 국내 콘텐츠 산업 매출액은 전년 대비 4.8% 증가한 99조 6,000억 원으로 집계되었습니다. 대내외 경기 둔화에도 불구하고 콘텐츠 산업 수출액은 전년 52억 7,000만 달러에서 4억 3,000만 달러 증가한 57억 달러를 기록했습니다. 지식정보(12.0%), 캐릭터(8.7%)의 매출액 증가율이 다른 장르에 비해 높게 나타났으며, 수출액은 영화 장르의 수출액이 13.1%로 가장 높았습니다.

나한류: 한국의 콘텐츠 산업 현황에 따르면 아직 세계 시장을 주도하기에는 한계가 있어 보입니다. 신성장동력으로써 한국 콘텐츠 산업은 어떠한 방향으로 나아가야 할까요?

최창현: 우리는 문화산업에서 한국 콘텐츠 산업의 희망을 찾을 수 있습니다. 10대 문화콘텐츠 산업 중에서 2004년과 2008년을 비교했을 때 매출액이 감소한 분야는 영화와 에듀테인먼트 두 개에 불과합니다. 2009년부터는 지식정보산업에 가상세계 및 가상현실업을 포함한, 콘텐츠 솔루션 산업에 컴퓨터 그래픽스(CG) 제작업이 포함되어 이 산업의 장르가 점차 다양해지는 현상을 보이고 있지요. 대부분의 분야는 현재까지 꾸준하게 매출액이 늘어나는 추세입니다. 수출에 있어서도 음악, 영화, 광고의 수출액이 떨어졌지만 나머지 분야는 소폭 증가했습니다. 특히 게임과 방송 캐릭터 산업은 현재까지 수출 경쟁력을 보이고 있지요. 이 중에서도 게임 산업은 무려 2.8배나 신장되어 성장을 계속하고 있고, 캐릭터 역시 2배 가까이 수출실적을 높여오고 있습니다. 이미 온라인 게임은 규모와 기술면에서 세계 시장의 선도대열에 끼어 있으며, 애니메이션 역시 잠재적 능력을 갖고 있습니다. 국산 토종 캐릭터인 '뽀로로'는 세계 90여 개국에 수출돼 4,000억여 원을 벌어들이고 있지요. 뽀로로는 2003년 EBS에 처음 방송된 이래 130개국에 수출되었고 캐릭터와 장난감 등 파생상품으로 5조 이상의 수익을 올렸습니다. 이렇듯 전체적으로 보면 우리나라의 콘텐츠 산업은 답보상태를 보이고 있지만 개별 분야에 들어가면 경쟁력을 갖추면서 성장도 이루어져 가고 있음을 볼 수 있습니다.

문화 콘텐츠가 중심이 된 한류 열풍은 한국의 이미지까지 상승시키며 다양한 상품 구매로 이어지고 있습니다. 특히 2005년 이후 아시아뿐 아니라 중남미, 중동에 이르기까지 한국산 소비재 수출이 급증했는데요. 일부 마니아층에서부터 시작된 한류는 이제 세계적인 문화 콘텐츠로 다양한 산업 분야에까지 영향을 주고 있습니다.

제 3장
음악과 K-pop

나한류: 한국의 대중가요는 전 세계적으로 경쟁력을 갖고 있다고 생각합니다. 특히 한국뿐만 아니라 동남아, 유럽의 젊은 층에서 한국의 대중가요를 즐기고 있어 앞으로 음악시장은 더욱 커질 것으로 전망됩니다.

최창현: 네, 그렇습니다. 특히 음악시장은 정보통신기술이 발전하면서 그동안 시장을 주도하던 음반 산업은 퇴조하고 디지털 음악시장이 이끌어가는 추세를 보이고 있습니다. 음악산업백서(2007)에 따르면, 2006년도 음반시장은 848억 원에 불과한 데 비하여 디지털 음악시장은 3,562억 원으로 4.2배나 큰 시장을 형성하고 있습니다. 이런 추세는 지속적으로 더욱 확대되고 있으며, 콘텐츠 산업으로서의 주목할 분야는 앞으로 디지털 음악이라고 할 수 있지요.

디지털 음악 산업은 음악파일을 스트리밍(실시간청취서비스)하거나 다운로드받아 감상할 수 있는 각종 디바이스(휴대폰, MP3, PMP 등)의 발달에 따라서 성장하고 있습니다. 디지털 음악은 정보통신 시대에 부응한 산업으로서 움직이거나 심지어 공부하면서도 들을 수 있지요. 언제나 어디서나 음악을 들을 수 있으므로 급속한 성장을 이루어 가고 있습니다.

나한류: 앞으로 음악산업은 어떠한 방향으로 나아가야 할까요?

최창현: 음악 산업의 발전은 질적 성장에 따른 경쟁력 확보에 달려있습니다. 앞으로 음악 산업은 이종 장르와 다양한 형태로 결합하면서 발전할 것입니다. 음악 산업의 융·복합현상이 가속화 되는 상황에서 이 트렌드를 어떻게 적극적으로 활용하느냐가 향후 음악 산업의 성패를 좌우할 것입니다.

디지털 음악의 확산으로 가요계는 소위 '음반 쪼개기'라는 형태로 음악 산업을 이끌고 있습니다. 기존의 정규 앨범을 미니앨범으로, 미니앨범에서 싱글앨범으로 규모를 줄이고 다양한 방법으로 마케팅을 펼치고 있는 것이지요. 디지털 음악은 음반 시장의 불황을 가져왔고, 10곡 내외의 곡들로 구성된 정규 앨범 음반은 가요계에 부담으로 작용했습니다. 많은 가수와 기획사는 변칙적인 '음반 쪼개기'를 통해 소비자들의 구매력을 높일 수 있는 다양한 상품들을 개발하고 부가적인 이익을 창출하고 있습니다. 대표적 사례로 그룹 '빅뱅'은 2015년 5월부터 8월까지 매달 1일 노래 두 곡씩을 공개하고, 공개된 노래들을 모아 [M.A.D.E]라는 이름의 정규 앨범을 완성하였고, 음반 판매 또한 안정적인 매출을 기록하면서 성공적인 결과를 얻었습니다. 2010년부터 현재까지 매달 진행되고 있는 가수 윤종신의 '월간 윤종신' 또한

그룹 빅뱅의 미니앨범 MADE

이런 흐름의 선봉이자 최전선에 놓인 프로젝트라고 할 수 있습니다.

나한류: 앞으로 음악산업은 어떠한 방향으로 나아가야 할까요?

최창현: 성장 동인으로서 역할을 제대로 하려면 우선 현안 과제부터 적극적으로 해소하는 노력이 요구됩니다. 음악 산업에서 제기되고 있는 현안과제를 보면 세 가지입니다. 증대되는 수출에 더불어 증대되는 불법복제의 문제, 음원 사용료 배분을 둘러싼 갈등 그리고 업체들의 수직결합 등으로 나타나는 경쟁심화이지요. 불법복제는 음악 산업뿐만 아니라 콘텐츠 산업 전체의 문제이기도 합니다. 불법복제는 창작의욕

을 떨어뜨리는 것으로 콘텐츠 산업의 근간을 위협하는 행위이며, 음악의 불법복제는 더욱 심하다고 할 수 있습니다. 그렇기 때문에 지속적인 감시는 물론 불법복제 근절을 위한 국민 의식운동이 요구되는 것이지요. 이런 노력을 통하여 제작－유통－소비자의 선순환 구조를 이루어야만 음악 산업은 물론 콘텐츠 산업의 발전을 도모할 수 있습니다. 불법복제 근절이 중요한 과제라는 인식하에 문화체육관광부도 음악시장 질서를 바로 잡기 위해 2009년 저작권법을 개정하여 저작권의 적극적 보호에 나서고 있습니다.

음악 산업과 관련하여 업체들의 경쟁은 점점 더 치열해지고 있습니다. 각종 음원 사이트들이 공개하고 있는 실시간 차트에 올라가기 위해서 기획사들의 '음원 사재기' 논란이 나타나고 있지요. 수년 전만해도 상대적으로 지명도가 떨어지는 가수들이 단기간에 대중의 이목을 끌기위해 사용하던 불법 행위였지만, 음원이 음반만큼 중요해진 최근 가요계 분위기와 최종 순위 결정에서 음원 비중을 점차 높여가고 있는 각종 음악 방송의 개편 여파로 인해 공공연하게 이루어지고 있습니다. 음원 사재기 논란의 가장 큰 문제점은 근본적인 대책을 찾지 못하고 있어 사재기와 관련된 법적 제도의 부재가 매번 걸림돌로 작용하고 있습니다. 사재기를 하다 적발되면 '출판문화산업진흥법'에 따라 2,000만원 이하의 벌금 또는 2년 이하의 징역에 처할 수 있는 출판계의 선례를 따르자는 업계 내의 목소리도 높게 나타나고 있지요.

마지막으로 음원사용료 배분 갈등과 관련한 문제는 불공정성 개선의 시각에서 접근해야 합니다. 이것은 곧 윤리적인 문제이기도 하지요. 원 권리자의 구제에 초점을 맞추는 한편, 배분에 있어서도 공정한 기준이 마련되어야 하며, 수직계열화 문제는 시장의 변동과 경쟁력 제고 차원에서 검토되어야 합니다. 시장기능에 초점을 맞추어 접근하는 것이 바람직하지만 이 과정에서 자본의 지나친 횡포가 있어서는 안 될 것입니다. 이런 균형의 노력과 시장의 질서가 세워질 때 음악 산업의 발전을 기대할 수 있는 것이지요.

나한류: 복잡한 음악 산업 환경에 적용가능한 전문화된 음반통계 모델이 필요하다고 생각합니다. 음악 산업 관계자들에게 실질적으로 필요한 정보를 제공해줄 수 있는 통계 및 자료가 체계적으로 수집되어야 할 것입니다.

최창현: 한국 음악 시장은 세계적으로 사랑받는 탄탄한 콘텐츠를 보유하고 있지만 콘텐츠의 흐름에 대해 신뢰할 수 있는 정확한 데이터를 수집하고 제공하는 기관이 전무한 실정입니다. 기획과 제작, 유통과 소비 모든 면에 있어 급격히 글로벌화 되어가고 있는 지금, 한국의 '빌보드 차트', '오리콘 차트'에 대한 요구가 그 어느 때보다 시급한 상황이지요. 현존하는 '가온 차트'를 바탕으로 신뢰성 있는 차트를 제공하기 위해 보다 선진화 되고 산업화된 전문 산업 통계 도구를 연구 개발할 필요가 있습니다.

음악 산업 종사자들에게 실질적인 도움을 줄 수 있는 주소록 및 연감 등 자료수집에도 소홀하지 않아야 하며, 이미 다양한 기관과 단체를 통해 연감이나 주소록 등을 발매하고 있는 미국과 일본의 사례에 대한 벤치마킹이 요구됩니다. 2015년 기준 은평음악창작 지원센터를 통해 〈서울음악산업 디렉토리북(가칭)〉이 제작되고 있으며, 사단법인 한국음악레이블산업협회(LIAK)에서도 해당 안건에 대한 긍적적인 움직임이 포착되고 있습니다.

제 4장

영화와 K-movie, 그리고 K-drama

나한류: 한국영화 '올드보이'는 칸을 매료시키고 한국 영화에 대한 관심을 불러 일으킨 작품입니다. 이어서 미국에서 리메이크 되었지요. 봉준호 감독의 설국열차와 옥자도 한류 영화 열풍에 기여했습니다. 설국열차는 170여 개 국가에서 개봉되어 2000만 불 이상의 수출액을 달성했으며, 미국에서 TV 시리즈로 제작될 예정이라고 합니다. 또한 한국 드라마 '별에서 온 그대'와 '태양의 후예'는 한국뿐만 아니라 해외에서도 선풍적인 인기를 끌었지요. 중국의 기업 임직원들이 '별에서 온 그대'에 등장한 한국 치맥축제에 참여하거나, '태양의 후예'에 등장한 삼계탕을 먹기 위해 방문하는 등 경제적 파급효과는 엄청났습니다.

한국의 영화, 드라마 콘텐츠는 함께 아시아 시장을 선도할 뿐만 아니라 아시아를 넘어서 전 세계로 시장을 넓혀나가고 있습니다. 영상기술에서도 어느 정도 경쟁력을 갖추었다는 생각이 들어요. 한국 영화와 드라마의 콘텐츠 산업 전망은 어떠한가요?

최창현: 드라마 '겨울연가'는 한류 드라마의 선봉작으로 평가받고 있습니다. '겨울연가'의 주인공인 배용준은 한류의 대명사로 불리고 있지요. 한류 드라마를 통한 해외 관광객 유입은 2007년 4.8%에서 2014년 드라마 '별에서 온 그대'와 2016년 '태양의 후예' 방영 이후 17%로 성장했습니다. 정부는 한중관계 개선책으로 드라마 수출을 적극적으로 추진하고 있으며, 그만큼 한국의 드라마 산업은 전 세계적으로 인정받고 있지요. 또한 드라마가 치맥, 삼계탕 등 다양한 한류 상품을 판매하는 주역이 됨에 따라 단순한 대중문화 콘텐츠가 아닌 드라마 콘텐츠로 인정받고 있습니다. 최근에는 스마트 미디어 보급 및 1인 가구 확산으로 기존의 고정형 TV 시청에서 벗어나 모바일 중심의 비 실시간 콘텐츠 소비 중심으로 변화하고 있습니다. 모바일 동영상 시청 증가로 VOD 및 스트리밍 서비스 시장은 연평균 18% 성장을 전망하고 있습니다. 이러한 추세에 맞추어 드라마 제작 또한 변화하고 적응해야 할 것입니다.

영화산업은 자본산업이면서 노동집약산업이라고 할 수 있습니다. 영화는 제작 초기단계부터 상영에 이르기까지 많은 인력과 자금이 소요되지요. 그래서 규모의 경제가 필요한 것입니다. 영화사들은 영화 한 편 만드는데 많은 투자금액이 소요되기 때문에 위험분산 차원에서 배급사와 다양한 콘텐츠 산업으로 다각화하여 제작합니다. 이 과정에서 다양한 콘텐츠 수요가 유발되는 것이지요. 영화는 또한 문학·미술·음악·연극·의상 등 예술의 전 분야가 종합적으로 적용되는 장르이기 때문에 소요되는 콘텐츠가 다양하다는 점에서 영화를 종합예술이라고 부릅니다. 따라서 영화산업의 발전은 전체 예술의 발전과 궤를 같이한다고 할 수 있습니다. 오늘날 문화예술발전에는 개인의 창

의성 못지않게 IT산업의 발전이 중요한 역할을 합니다. 3D 영상제작
도 IT산업이 발전했기 때문에 가능해진 것이지요.

영화산업은 다른 콘텐츠 산업과 달리 라이프사이클이 매우 짧은
특성을 갖고 있습니다. 인기 영화를 제외하면 대부분 몇 주 안에 극
장상영이 끝나며, 1~2주도 못가는 경우가 많습니다. 물론 좋은 영화
는 장기간 개봉하고 이는 다시 DVD로 상품화 됩니다. DVD로 재생
산하는 비용은 크지 않기 때문에 수요가 많을수록 한계비용은 0에 가
까워지는 것입니다. 이런 상업적 성과를 이루는 영화는 많지 않으나,
흥행에 성공하는 경우에는 다른 어느 상품보다 비교하기 어려울 정도
로 수익률이 높으며, 위험이 큰 대신 수익도 크다고 할 수 있습니다.

우리나라 영화 시장은 대기업의 멀티플렉스 영화관이 확장되고
기업적인 형태의 영화 제작사가 증가하고 있는 상황입니다. 제작비의

정형화된 한국 영화의 선순환구조

증가로 질적인 완성도가 높아지고 있으나 이에 따른 과도한 마케팅비용을 극복하는 문제가 남아 있습니다. 이러한 현실 속에서 인기작만을 상영하는 독과점화에 제작−상영−배급 부분의 대기업 독주로 중소배급사들이 불이익을 당하고 있는 현실적인 문제 등이 나타나고 있습니다.

영화의 고객은 영화평이나 관객들의 구전효과에 영향을 많이 받는 또 다른 특징을 갖고 있습니다. 좋은 영화라고 하더라도 영화 상영기간에 해외 대작과 겹치게 되면 흥행에 실패하기도 합니다. 그래서 영화산업은 투자수익이 불확실한 분야이지요. 요즘에는 상영관 확보가 또 다른 과제로 제기되고 있습니다.

발생가능한 한국 영화의 악순환고리

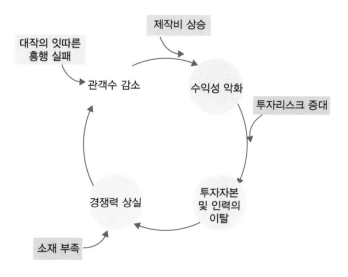

나한류: 영화가 콘텐츠 산업으로써 가치를 가지고 있음에도 불구하고 한국 영화산업의 발전이 늦어지는 이유는 무엇인가요?

최창현: 한국의 영화산업은 아직 자본규모면에서 열악한 편입니다. 주인공을 제외한 현장 스태프 인력이나 출연진들에 대한 대우와 근로환경 또한 열악하지요. 수익은 늘지 않는데 마케팅 비용은 해마다 늘어나고 있기 때문입니다. 배급사의 독과점화 영향력도 영화산업의 발전을 저해하는 요인이라고 할 수 있지요. 이런 문제들이 한국의 영화산업발전을 저해하는 요인으로 지적되고 있습니다.

한 편의 영화가 만들어지기까지에는 다양한 시도가 이루어집니다. 특히 성공한 영화는 남이 하지 않은 방법을 찾아서 이를 상용화 하지요. 영화의 성공에는 고객의 마음, 시장을 읽는 힘도 중요하지만 탄탄한 내용의 콘텐츠가 더욱 중요하다고 할 수 있습니다. 영화 아바타의 성공은 콘텐츠와 3D 기술이 만들어낸 결과입니다. 콘텐츠가 영화의 성공을 이끄는 핵심 역할을 한 것이지요. 좋은 콘텐츠는 성공의 핵심이며, 좋은 영화는 콘텐츠와 관련 기술 그리고 관객이 만드는 것입니다. 이런 것들이 상호 조화를 이루지 못하면 영화산업은 발전할 수 없는 것이지요.

제 5장
게임과 콘텐츠 산업

나한류: 한국의 게임 산업은 콘텐츠 산업으로써 높은 가치를 가진다고 생각합니다. 특히 온라인 게임 산업의 경우 세계적인 경쟁력을 가지고 있으며, 앞으로도 지속적으로 성장할 것으로 전망합니다.

최창현: 네, 그렇습니다. 게임 산업은 우리나라의 콘텐츠 산업을 선도하고 있다고 할 수 있지요. 게임 산업은 게임을 구현하는 방법에 따라서 아케이드 게임, 비디오 게임, 온라인 게임, 모바일 게임 등으로 구분되며, 장르에 따라서 구분하기도 합니다. 대표적 장르는 RPG(Role Playing Game)로 캐릭터 육성게임이라고 부르지요. 특히 네트워크를 통해서 다중이 즐기는 MMORPG(Massive Multiple Online Role Playing Game)는 우리나라 온라인 게임의 대표적 장르라고 할 수 있습니다.

　한류 수출 기여도로 보면 게임은 대표적인 효자 문화 콘텐츠라 할 수 있습니다. 2000년 중반부터 한류 수출 총액의 과반 이상을 점유해 왔습니다. 한국 내에서는 청소년 게임 중독 방지라는 미명하에 여가부의 게임셧다운제와 게임중독법 등의 게임 산업 관련 제도 등의 졸속 정책에 의해 게임이 중독물로 취급받기도 하지만, 전 세계 시장에서 중요한 위치를 차지하고 있지요. 게임셧다운(Game Shut-down)제도란 16세 미만의 청소년에게 심야시간(오전 0시부터 오전 6시까지) 동안 인터넷 게임제공을 제한한다는 것으로써, 청소년의 인터넷 게임 중독을 예방하기 위해 마련된 제도입니다. 이는 신데렐라법이라고도 하고, 2011년 11월 20일부터 시행되었습니다. 만화·애니메이션 산업을 과거 권위주의 시대의 정부들과 같은 보수적인 잣대로 규제와 진흥을 오가는 정책적 혼란을 반복해서는 안 될 것입니다. 게임 한류의 개척자라 할 수 있는 엔씨소프트의 대규모 다중 접속 온라인 롤 플레잉 게임(MMORPG, Massive Multiplayer Online Role Playing Game)인 리니지(Lineage)와 배틀그라운드의 성공은 아직도 인기를 끌고 있습니다.

나한류: 국내 게임 산업의 경쟁력을 키우기 위해서는 어떠한 노력을 해야 할까요?

최창현: 게임 산업의 성장과정을 보면 부침은 있지만 나름대로 성장과정을 보이고 있습니다. 2002년에 3조 4026억 원의 시장규모가 2005년에 8조 6798억 원까지 커졌지만 2006년, 2007년에 연거푸 전년대비 14.2%와 30.9%의 마이너스 성장을 보였습니다. 2007년 국내게임시장 규모는 5조 1436억 원까지 떨어졌지만, 이후 회복세를 보이면서 2008년에는 전년대비 9.0%의 성장률을 기록하였습니다. 2009년에는 17%의 성장률을 보이면서 6조 5806억 원으로 회복되고, 2014년에는 9조

9706억 원을 기록하였지요.

2009년 온라인게임 매출규모는 3조 7,087억 원을 달성하여 전체 시장점유율 56.4%를 기록했습니다. 게임 유통 및 소비업체를 포함한 국내 전체 게임시장에서 개별 플랫폼이 50% 이상을 차지한 것은 처음입니다. PC방과 아케이드게임장을 제외한 플랫폼 단위의 게임시장만 놓고 볼 때에는 온라인게임의 시장점유율이 81.1%에 달합니다. 앞으로도 국내 온라인게임은 안정된 인프라를 토대로 한 내수시장을 선도함은 물론 세계시장에서도 선전할 것으로 전망됩니다.

게임 산업의 경쟁력은 바로 콘텐츠에 달려있습니다. 온라인 게임에서 경쟁력이 있다는 것은 콘텐츠 경쟁력이 있다는 것을 의미합니다. 지속적으로 경쟁력을 유지해나가려면 수요에 맞는 콘텐츠 창출과 적극적인 마케팅이 중요하지요. 최근 우리나라의 게임업체는 세계인들이 즐겨하는 스포츠 게임 개발에 나서고 있습니다. 게임업체가 직접 구단(야구)을 만들고 대회 스폰서에 나서는 등 시장개척의 적극성을 보이고 있습니다. 이와 함께 중요한 게임 산업의 경쟁력은 적시성과 재미입니다. IT산업과 미디어발전 그리고 미디어 통신기기의 발전에 부응한 콘텐츠를 적시에 내놓아야 경쟁력을 가질 수 있을 것입니다.

나한류: 최근에는 모바일게임 시장도 매우 커지고 있습니다. 곧 온라인게임의 규모를 따라잡을 것이라는 전망도 나타나고 있습니다.

최창현: 모바일게임에 요구하는 시장의 기대치가 늘어나면서 100억 원대 개발금액에 3년 이상의 기간, 50명 이상의 인력을 투입한 대작 모바일게임들이 등장하고 있습니다. 대작 모바일게임의 경우 상용 엔진을 사용한 액션 RPG에 편중되어 있는데, 이는 대작 온라인 게임 개발

이 다수의 개발인력을 통솔하는 PC 온라인게임과 유사한 제작방식을 갖추게 되면서 노하우가 적용된 결과라고 할 수 있지요. 또한 국내 개발사에서 직접 개발한 대작 모바일게임은 상당수 흥행에 성공했다는 점도 괄목할 만한 성과라고 할 수 있습니다. 모바일게임은 결제방식이 간편하고, 장소에 구애받지 않는다는 점에서 큰 장점을 가지고 있습니다. 최근에는 모바일게임에 적응한 이용자를 위해 PC온라인게임이 모바일게임을 벤치마킹하는 현상도 나타나고 있지요.

나한류: 현재 국내 모바일게임 시장의 문제점은 없나요?

최창현: 모바일게임의 매스미디어 마케팅의 광고 과열이 문제가 되고 있습니다. 초기 인지도가 중요한 모바일게임의 특성상 게임의 특징보다는 유명 연예인을 내세운 스타마케팅이 유효하게 작용했고, 이는 국내 게임개발사들의 마케팅 비용을 높이는 데 큰 영향을 미치고 있습니다. 그러나 특색 없는 매스미디어의 스타마케팅으로 인해 업계 내부에서도 지나친 과열경쟁이라는 의견이 나타나고 있습니다.

또한 대작 위주의 시장 경쟁구도로 재편되면서 신작 출시열기가 사라지고, 전반적인 모바일게임 신작 출시는 감소세를 보이고 있습니다. 모바일게임 다수가 액션RPG나 RPG에 집중되는 장르 편중현상이 발생하였는데, 이는 대형 퍼블리셔에서 이른바 '되는 게임'에만 집중한 결과라고 할 수 있지요. 장르의 다양성을 뒷받침해줄 수 있는 인디 및 소규모 개발사의 게임은 매스미디어를 활용한 대규모 마케팅에 눌려서 눈에 띄기조차 어려운 상황입니다.

나한류: 중국 등 해외업체들의 국내 게임개발사에 대한 투자가 활발하

게 진행되고 있어 인력 및 기술유출, 자본종속 등의 우려가 제기되고 있습니다.

최창현: 텐센트에 이어서 우회 상장한 로코조이와 룽투코리아도 국내 개발사에 적극적인 투자를 할 예정이며, 펀드와 합작투자회사 설립 등 대대적인 준비까지 마친 만큼 공격적인 투자가 예상됩니다. 넷이즈나 360 등의 대형 개발사도 국내 진출을 준비 중으로, 다른 개발사와 동일하게 적극적인 투자를 진행할 가능성이 높습니다. 반면 국내 업체에서는 위험한 투자를 기피하고 있어 소규모 개발사로서는 중국자본을 거절하기도 쉽지 않은 상황이지요.

　최근 국내 시장 파악을 마친 중국 개발사들도 본격적인 국내 진입을 시작하면서 다수의 중국 모바일게임이 유의미한 성적을 거두고 있습니다. 매스미디어를 이용한 스타마케팅이 대세로 자리잡았고, 카카오 등 플랫폼의 역할 또한 축소되는 등 국내 시장 네트워크에 상대적으로 취약한 외산 게임들이 진출하기에 적합한 환경이 조성된 것이지요. 해외 모바일게임은 특정 장르에만 지나치게 편중된 국내 모바일게임에 비해 다양성을 갖추고 있어 위협으로 작용하고 있습니다.

제 6장
애니메이션과 콘텐츠 산업

나한류: 애니메이션 산업은 콘텐츠 산업 분야에서도 성장이 기대되는 분야이지만 방송과 극장 의존도가 높은 콘텐츠 산업이라는 측면에서 제약도 있을 것 같습니다.

최창현: 그렇기 때문에 애니메이션 산업은 방송사와의 협력이 중요하다고 할 수 있습니다. 특히 애니메이션 산업은 산학협동은 물론 국내외 기업과의 공동제작 면에서 다른 어느 콘텐츠 산업보다 활발한 분야입니다. 한국의 경우 초창기에 하청기지에 머무르던 산업이었지만, 이제는 고부가가치를 창출하는 창작산업으로 변신하면서 그 위상을 다져나가고 있습니다. 2000년 중반만 해도 하청과 창작의 매출규모가 엇비슷했지만, 2000년 후반부터는 창작제작 비중이 41.6%인 1,684억 원의 매출액을 올린 데 비하여 하청제작은 33.4%인 1,354억 원에 머무르고

있지요.

나한류: 한국의 애니메이션 산업이 이렇게 발전할 수 있었던 이유는 무엇인가요?

최창현: 애니메이션 산업이 이렇게 경쟁력을 높여가고 있는 것은 다양한 요인에 기인하지만 무엇보다도 우수한 인력에 힘입은 바 크다고 할 수 있습니다. 특히 디자인, 연출력, 제작기술역량 분야에서 경쟁력이 높아지면서 이것이 전체 애니메이션 산업 경쟁력 향상의 동인으로 작용하고 있지요. 더욱이 온라인 애니메이션 유통업이 인터넷과 모바일 모두를 채널로 연계하기 때문에 그 성장 속도와 크기는 긍정적인 방향으로 예상할 수 있었습니다.

경쟁력 향상은 수출로 이어지고 있습니다. 최근 3D로 만들어진 애니메이션은 품질과 완성도가 높아지면서 해외진출이 늘어나고 있습니다. 창작 애니메이션을 중심으로 성장해 온 해외 수출액은 2011년 이후 정체 상태에 있습니다. 해외 공동제작이 꾸준히 이루어지고, 동남아시아 등으로 공동제작 국가의 다변화도 꾀하였으나, 이러한 추세가 수출액 변화로는 나타나지 않고 있지요. 이는 공동제작에 있어서 해외 공동제작국에서의 매출이 해외 파트너에게 발생하는 사업구조에 기인하는 것으로 보입니다. 또한 해외에서 발생하는 부가가치는 수익지분의 형태로 추후에 한국 기업에 배분되기 때문에, 애니메이션 수출액만으로는 해외시장에서 창출하는 다양한 창구로부터의 수익을 반영하지 못하는 것이지요. 보다 적극적인 해외진출 활성화 및 수익 창출 극대화 전략이 필요해 보입니다.

나한류: 애니메이션이 콘텐츠 산업으로써 갖는 가치는 높다고 할 수 있나요?

최창현: 대부분의 콘텐츠 산업이 그러하지만 특히 애니메이션 산업의 타 산업 연관효과가 높다고 할 수 있습니다. 애니메이션 산업은 단순히 애니메이션에 머무는 것이 아니라 출판, 게임, 드라마, 에듀테인먼트, 공연 등으로 접목·확대되면서 계속 수익을 창출하는 것이 가능하지요. 또한 이런 현상이 연관분야와 연계된 복합적 콘텐츠 수요를 유발하고 있습니다. 특히 방송과 통신이 융합된 뉴미디어 환경에서 새로운 콘텐츠 수요가 유발되면서 더욱더 성장이 기대되고 있습니다. 미디어 환경 변화에 따른 방송 미디어 수익의 축소로, 새로운 수익원을 모색 중이던 애니메이션 산업이 타산업과의 융합을 통해 다양한 수익원을 선제적으로 확보하게 됨에 따라, 한국 애니메이션의 수익성 개선에도 기여할 것으로 전망됩니다.

그럼에도 불구하고 애니메이션 산업은 협소한 내수시장 때문에 규모의 경제를 실현하기가 어렵다는 한계를 가지고 있습니다. 애니메이션 정책은 바로 이런 성장을 저해하는 분야에 초점을 맞추어 정책을 개발하고 실행해야 할 것입니다. 이런 측면에서 문화체육관광부의 전문펀드 결성 및 운영지원, 기술개발 및 창작인프라 조성, 우수 전문 인력양성, 해외진출 확대 및 협력강화 애니메이션 지원 정책은 결실이 기대되는 정책입니다.

나한류: IPTV, YouTube 채널 등 새로운 미디어 플랫폼 활용을 통한 애니메이션 유통도 활발해지고 있습니다. 디지털 미디어 환경의 도래에 따라, 지상파 TV 등 전통 미디어 역할의 위축을 보완하기 위한 뉴

미디어 플랫폼 유통이 활성화되고 있으며, 창작 애니메이션의 소비자 접점 확보를 통한 애니메이션 산업의 활성화에 기여할 것으로 기대됩니다.

최창현: 가입가구 1,100만 시대를 맞이한 IPTV가 경쟁적으로 유아 애니메이션 방영에 나서기 시작하고 있습니다. 판도라 TV는 대원미디어, KTH 등 총 8개의 애니메이션 콘텐츠 유통사와 계약을 맺고 약 8,000편의 애니메이션 무료 서비스를 시작함으로써 국내 최대 규모의 애니메이션 무료 스트리밍 서비스를 개시하기도 하였지요. IPTV는 유아, 아동을 주요 타깃으로 애니메이션 콘텐츠를 경쟁적으로 방영하고 있으며, 꾸준한 투자를 통해 양질의 애니메이션 콘텐츠를 선 확보하고 있습니다. 온라인 동영상 플랫폼을 통한 애니메이션 노출이 활성화되어, 다양한 유통 플랫폼의 적극적 활용이 가시화되고 있지요.

또한 SK브로드밴드는 가정용 IPTV, 모바일 IPTV 등 언제 어디서나 콘텐츠를 감상할 수 있는 'Btv everywhere' 서비스의 대상 범위를 애니메이션으로 확대하였고, 판도라 TV의 경우 애니메이션 스트리밍 서비스 역시 PC, 모바일 웹, 앱을 통해 통합적으로 서비스하고 있습니다. 뉴미디어 플랫폼의 활성화는 YouTube '언박싱' 채널의 인기에서 나타난 바와 같이, 단순애니메이션 영상 콘텐츠 뿐 아니라 '율동 동영상' 등 유통 채널에 맞는 다양한 관련 콘텐츠의 유통 활성화에도 기여할 것으로 예상됩니다.

제 7장
캐릭터와 콘텐츠 산업

나한류: 한국의 캐릭터 산업은 '뽀로로'가 대표적이라고 할 수 있지요. 그렇지만 아직까지 미국의 '미키마우스' 또는 일본의 '헬로키티' 등에 비해서는 더 많은 지원과 노력이 필요할 것 같아요.

최창현: 캐릭터 산업은 콘텐츠 산업의 특성인 원소스-멀티유즈의 대표적인 산업이라고 할 수 있습니다. 실제 국산 토종 캐릭터인 '뽀로로'는 세계 90여 개 국가에 수출되어 4,000억 원을 벌어들인 바 있지요. 일본의 산리오사가 개발한 '헬로키티'는 40여 개 국가의 기업에 라이선스를 제공하면서 이를 연관시킨 상품만 2만여 개가 넘고 이를 이용한 테마파크까지 만들어지면서 막대한 로열티를 받아내고 있습니다. 미국의 디즈니사는 '미키마우스'로 연간 60억 달러를 벌어들이고 있지요. 우리나라 캐릭터 산업은 외국의 성공한 캐릭터상품의 시장점유율과 파

급효과에 비해 아직 격차가 있지만 지속적으로 선도국과 경쟁하면서 경쟁력을 확보하고 있습니다.

나한류: 캐릭터 산업의 특징은 무엇인가요?

최창현: 캐릭터 산업의 특징은 어린이가 주 수요자라는 점입니다. 그래서 주 소비자가 제한적이라는 한계를 가지고 있지요. 최근 캐릭터 시장침체도 이런 현상을 반영하고 있는데, 이는 캐릭터 소비가 많은 선진국의 출산율을 반영한 어린이 인구수의 감소에다 경기의 장기 침체로 소비수요가 줄어들었기 때문입니다. 이런 어려움을 극복하기 위하여 어린이에 머물렀던 소비층을 청소년과 그 이상의 연령층으로 넓히려는 노력을 하고 있습니다. 다양한 산업과 연계해서 문화와 감성을 무기로 아이들뿐만 아니라 어른들까지 공략하고 있는 것이지요. 국가나 사회적 행사는 물론 개인의 생일 등 기념일을 이벤트로 활용하려는 마케팅과 타 사업자와의 제휴 등을 그런 노력의 일환으로 볼 수 있습니다.

최근 캐릭터 산업의 변화를 보면 타 산업 콘텐츠와 융·복합화 하는 경향을 보이면서 캐릭터 상품이 다양화되는 경향을 보이고 있습니다. 새로운 시장판로를 개척하거나 디지털 기기와의 융합도 활발하게 이루어지고 있습니다. 캐릭터 산업은 국내시장에서의 활성화도 중요하지만 그 성패가 해외진출에 있다고 할 수 있습니다. 국내시장규모가 작기 때문이지요. 해외시장을 개척하고 수출에 많은 노력을 기울여야 할 것입니다.

한국의 캐릭터 산업은 아이템별로는 성공한 사례가 나타나고 있지만 세계 시장에서의 경쟁력을 확보하기에는 아직 가야할 길이 멀다고 봅니다. 따라서 경쟁력 확보를 위한 산학협력은 물론 기업과 정부의 협력도 중요합니다.

나한류: 최근 캐릭터 시장은 키덜트(kidult) 그룹을 겨냥한 마케팅이 증가하고 있는 추세입니다.

최창현: 네, 그렇습니다. 국내 키덜트 시장규모는 매년 급격한 증가 추세로 국내 1인 가구 및 싱글족 증가, 자기를 중심으로 한 소비문화의 확산, 키덜트 확산 및 관심 증대 등의 이유로 급속히 성장하고 있습니다. 많은 기업들에서 키덜트 그룹을 목표로 캐릭터를 직접 제작하여 마케팅하거나 기존 캐릭터를 활용하여 컬래버레이션하는 사례가 증가하고 있으며, 메리츠 화재는 〈걱정인형〉을, 에쓰오일은 〈구도일〉 등을 기업캐릭터로 활용하고 있습니다. 글로벌 기업들의 경우 유명 캐릭터와 협업을 통한 마케팅을 전개하고 있는데, 맥도날드의 〈미니언즈〉, 호킨스의 〈디즈니〉, 유니클로 〈스타워즈〉 외 각종 뷰티브랜드의 〈원더우먼〉, 〈아톰〉, 〈카카오프렌즈〉 등의 사례가 있습니다.

소비자의 수요가 다양해지고 감성소비 시대가 도래하면서 소비자의 만족도가 제품소비의 기준이 되고 있지요. 고객 소비트렌드의 변화에 부응하기 위하여 많은 기업에서 캐릭터를 소통의 매개체로 활용하여 '공감 커뮤니케이션'을 진행하고 있습니다. 캐릭터는 친근함과 감정적 유대감을 형성해줌으로써 소비자의 호감도를 상승시켜 제품구매에 직·간접적으로 관여하는 효과를 가져오지요. 키덜트(kidult) 문화의 발전에 따라 캐릭터 산업의 외연이 확대되고 있으며, 이는 애니메이션 산업의 외연 확장에도 기여할 것으로 전망됩니다.

나한류: 카카오의 '카카오프렌즈' 또는 네이버의 '라인프렌즈' 등 모바일 메신저 플랫폼 이모티콘의 성장이 돋보입니다.

최창현: 스마트폰이 도입되면서 모바일 시장이 급속하게 팽창하였으며, 모바일 메신저 이용률이 증가하면서 실시간으로 다수의 사람들과 동시 커뮤니케이션이 가능해졌습니다. 모바일메신저의 대화 수단으로 문자 외에 이모티콘이 적극적으로 사용되기 시작하였으며, 네이버의 '라인'과 카카오의 '카카오톡'을 중심으로 모바일 이모티콘 시장이 활성화되었지요. 이모티콘은 모바일 메신저에서 중요한 대화 수단 중 하나로, 이용자들에게 친밀감을 형성하여 소비자의 다양한 기호와 선호에 의존하는 캐릭터시장의 불안정성을 감소시켰다고 평가받고 있습니다.

온라인 캐릭터의 오프라인 시장도 확장되고 있습니다. 네이버와 카카오는 팝업스토어를 정규매장 브랜드 스토어로 확장하여 일반대중들의 접근이 용이한 생활용품과 팬시상품을 주력으로 판매 중에 있지요. 활용도와 친밀도가 높은 온라인 이모티콘 캐릭터를 오프라인 시장으로 확장시킴으로써 비즈니스 영역을 확대하였고, 모바일 메신저와 이모티콘을 많이 쓰는 젊은 층의 소비자에 특화된 패션, 뷰티, 식품 부문의 제품을 발매하고 있습니다. 국내 캐릭터 시장은 어린이에 한정된 부분이 많았으나 이모티콘 캐릭터의 등장으로 성인이용자까지 소비계층을 넓히며 시장 규모를 전체적으로 확장시키고 있습니다.

제 8장
만화와 콘텐츠 산업

최창현: 네이버와 다음 등 많은 웹툰 플랫폼에서는 하루에도 수많은 웹툰이 나오고 있습니다. 1994년부터 연재되기 시작한 '열혈강호'는 여주인공의 섹시함을 무기로 미국과 중국 등 10여 개국에 수출되 200만부 이상 판매된바 있지요. 원수연 작가의 '풀하우스'와 박소희 작가의 '궁'은 TV 드라마로 제작되기도 하였습니다. 특히 궁은 뮤지컬로도 제작되었지요. 저승사자들의 이야기를 묘사한 주호민 작가의 '신과 함께'는 일본에서 리메이크 되었고, 2017년말 영화로 개봉되어 1000만 관객 동원을 달성했습니다. 형민우 작가의 '프리스트'는 미국에서 영화로 만들어져 2011년 개봉된바 있으며, 조석 작가의 '마음의 소리'는 2006년부터 장기간 연재 중에 있습니다. 트레이스의 작가인 김풍 작가의 경우는 '냉장고를 부탁해'라는 티비 프로그램에 출연하며 요리인으로 활동하는 등 웹툰, 웹드라마와 같은 융·복합 콘텐츠가 새로운 한류 동력을

확보하는 활력소가 되고 있습니다. 특히 '황제의 외동딸'은 중국과 일본의 웹툰시장의 최상위권을 석권하고 있습니다(매일경제, 2018년 1월 14일자).

나한류: 스마트폰 등 모바일 기기의 확대로 웹툰의 인기가 높게 나타나고 있습니다. 언제 어디서든 무료로 쉽게 접할 수 있다는 이점 때문에 웹툰시장의 전망은 앞으로도 밝다고 생각합니다.

최창현: 우리나라 만화 산업은 지금 변화의 시기를 맞고 있습니다. 그동안 출판 만화가 주도하던 시장에서 출판 만화와 웹툰이 시장을 공유하면서 상호 윈-윈 모델을 만들어 가고 있는 것이지요. 웹과 만화가 서로 접목하면서 새로운 시장을 창출하고 콘텐츠 산업으로서의 위치를 다져가고 있습니다. 시간이 가면서 출판만화 산업에서 웹툰이 주도하는 만화시장으로 변해갈 것으로 전망됩니다.

　한국의 웹툰은 만화 강국인 일본에서도 부러워할 정도로 그 가치가 매우 높게 평가되고 있습니다. 계속적으로 콘텐츠가 생성되고 독자들이 늘어나기 때문이지요. 이런 성과를 가져오게 된 데에는 창작 열기를 불러일으킨 환경적 요인이 크다고 할 수 있습니다. 우선 인터넷의 활성화와 함께 스마트 폰 등 모바일 기기의 확대를 들 수 있습니다. 언제 어디서나 볼 수 있는 모바일 통신기기의 발전이 웹툰의 수요자를 증가시킨 가장 큰 요인이지요. 출판문화는 사서 읽어야 하지만 웹툰은 아직 무료이기 때문에 가격 경쟁력에서도 웹툰이 만화에 비해 우위를 보이고 있습니다.

　그러나 중요한 것은 웹툰의 창작 열기입니다. 창작 열기가 유발된 것은 작가들이 규제나 제한을 상대적으로 덜 받기 때문입니다. 비교적 자유롭게 자신의 작품을 인터넷이나 통신기기에 올릴 수 있고, 시장에서 작품이 평가받으면서 자연스럽게 인기작가로 등장하게 되지요.

물론 부작용도 있습니다. 시장기능이 작동한다고 하나 아직 질까지 평가하지를 못하다 보니 작가들이 지나치게 조회 수를 의식한 나머지 윤리적인 문제까지 제기될 정도로 질이 떨어지는 경우가 나타나고 있습니다. 또한 여유를 갖지 못하고 창작활동을 하다 보니 "캐릭터나 대사 중심의 작품이 많아진 반면 장기적 기획에 따른 서사적 내용이 부족해졌다."는 지적도 나타나고 있습니다. 그러나 부분적인 부작용에도 불구하고 웹툰이 인기를 얻는 이유는 기존 만화 독자층이 청소년들이라는 점도 작용하고 있습니다. 이들은 뉴미디어에 대한 수용성이 높은 세대인 영상 세대이고 모바일 세대입니다. 웹툰은 바로 이런 시대의 특성을 담고 있지요. 특히 스크롤해서 읽을 수 있는 영상적 입체감은 이들을 더욱 웹툰으로 끌어들이는 역할을 하고 있습니다.

스크롤을 해서 읽는 우리나라의 웹툰은 만화 강국인 일본이나 미국에서도 보기 힘든 형태입니다. 일본 기자는 "스크롤을 해서 웹툰을 읽다 보면 '전자종이연극'을 보는 듯하다.", "웹툰을 연재하는 '다음'의 경우 페이지뷰가 주당 1억 5000만 회에 이른다."는 등의 내용을 자국 신문에 소개하기도 했습니다. 웹툰은 출판만화에서는 느낄 수 없는 입체감을 준다는 차별성을 갖고 있는 것이지요.

나한류: 웹툰은 영화의 스토리보드 같은 형식이라 영화로 옮기기에도 쉽기 때문에 영화, 공연, 드라마로 재구성되는 사례가 나타나고 있습니다. 최근 웹툰을 바탕으로 한 영화 '신과 함께'는 천만 관객이 넘는 흥행을 하면서 만화산업의 새로운 패러다임을 가져오고 있습니다. 그러나 웹툰 산업에 비해 출판만화 산업은 점점 쇠퇴하는 것 같아 걱정이 됩니다.

최창현: 웹툰은 만화산업의 새로운 패러다임을 바꿔 놓음은 물론 경쟁력까지 갖추고 있습니다. 모든 것이 그러하지만 산업의 발전과정에서는 명과 암이 존재합니다. 웹툰의 성장의 이면에는 출판만화의 퇴조라는 어둠이 나타납니다. 밝은 면은 계속 발전시키고 어두운 면은 개선시키려는 노력이 필요하겠지요.

만화산업이 퇴조하는 이유는 다양하게 나타납니다. 컴퓨터 그래픽 기술 발전 및 온라인 유통망 확대 등으로 인해 웹툰으로 독자가 이동한 것이 큰 이유이며 게임, 애니메이션 등 타 디지털 문화콘텐츠 산업부문의 콘텐츠 이용비용이 상대적으로 빠르게 하락함으로써 독자들이 이동했기 때문입니다. 이러다 보니 신작 만화를 소개하고 신인 만화가들의 등용문 역할을 해 온 만화잡지가 잇따라 폐간되고, 단행본 만화 매출 역시 감소세를 면치 못하게 된 것이지요.

나한류: 앞으로 웹툰과 출판만화가 서로의 단점을 극복하고 함께 경쟁력을 높일 수 있는 방법은 없을까요?

최창현: 이제는 웹툰과 출판만화가 서로 공존하여 국내외 시장에서 경쟁력을 높이는 방법을 찾아야 할 것입니다. 서로의 장점을 융복합해야 하는 것이지요. 출판만화는 내용이 탄탄한 서사적 만화로 차별화해야 합니다. 또한 웹툰에도 출판만화 작가들이 적극적으로 참여해서 질도 높이고 재미도 배가시키는 웹툰을 만들어내야 합니다. 반대로 인기를 얻고 있는 웹툰을 만화로 출판하는 전략도 강구해야 할 것입니다.

사람들은 자기가 재미있게 본 것은 다시 보고자 하는 경향이 있습니다. 이런 심리를 이용하여 인기 있는 웹툰을 만화로 출판하는 것을 전략적으로 검토할 필요성이 있습니다. 지금까지는 웹툰을 무료로 제공하는 경우가 많았지만 구성이 탄탄하고 연재가 이어질 경우 유료로 전환하는 추세입니다. 이제는 출판만화와 선의의 경쟁을 할 수 있는 것이지요. 만화와 웹툰, 웹툰과 만화가 서로 윈-윈 전략을 강구하여야 하며, 양자 간의 역할뿐만 아니라 영화와 연극, 드라마와 뮤지컬로 연결하는 노력도 펼쳐야 할 것입니다.

정부의 정책지원도 콘텐츠 산업 전체의 발전시각에서 다루어야 합니다. 현재에도 중장기 계획에 따라 체계적인 지원과 함께 우수 기획만화 발굴과 원작만화 활용확대 등의 정책을 펼치고 있지만 만화산업의 시대변화를 반영한 세심한 집행이 따라야 합니다. 특히 만화의 최대 독자층이었던 청소년들이 웹툰으로 이동하는 시대적 추세를 점검하여 웹툰과 출판만화에서 나아가 콘텐츠 산업 전체가 서로 윈-윈하는 전략이 더욱더 필요한 시기라고 할 수 있습니다.

제9장

한류콘텐츠의 확대: K-food 그리고 K-beauty

나한류: 한류는 K-pop으로 대표되고 있지만, 드라마와 영화 등 다양한 장르에서도 한류가 나타나고 있는 것 같아요.

최창현: 그렇습니다. 최근에는 K-food, K-beauty, K-ballet 등으로 점차 그 영역을 확대해 나가고 있습니다.

나한류: 여러 장르가 결합한 다양한 공연도 활발한 해외활동으로 인기를 얻고 있지요?

최창현: 1997년 초연 이후 2015년 누적 관객 1000만 명 이상을 기록한 난타는 50여 개국 300여 개 도시에서 공연되고 있습니다. 한국 창작 뮤지컬의 자존심이라 할 수 있는 '명성왕후'는 뉴욕 브로드웨이를

필두로 런던, 토론토 등에서 공연된바 있지요. 무술과 코미디를 결합한 넌버벌 공연인 '점프'도 40여 개국 60여 개 도시에서 공연되고 있습니다.

비트가 강한 음악에 브레이크 댄스의 빠른 리듬이 입혀진 힙합 장르라 할 수 있는 뮤지컬 '비보이를 사랑한 발레리나'도 뮤지컬에 발레를 접목한 융복합 사례로 꼽을 수 있습니다. 뮤지컬 '비보이를 사랑한 발레리나'에는 크게 두 개의 해류가 흐르고 있습니다. 하나는 대중예술로 대유되는 비보이의 힙합이며, 다른 흐름은 고급예술의 한 지류인 발레입니다. 이 두 지류가 만나는 뮤지컬 '비보이를 사랑한 발레리나'의 무대는 황금어장처럼 춤이 풍성하다는 평가를 받고 있습니다.

나한류: 경기불황과 사드 등 각종 악재에도 불구하고 공연산업 시장은 성장세를 보이고 있는데요. 국내 최대 공연산업 판매처인 인터파크 집계에 의하면 2015년 공연분야 티켓 판매는 4,182억 원으로 추산되며, 인터파크 매출이 전체 시장의 60%를 차지하는 것으로 나타났습니다. 2016년 콘텐츠 산업 전망 보고서에서도 공연 분야는 10년간 증가추세를 이어갈 것으로 전망하고 있습니다.

최창현: 라이선스 뮤지컬과 대학로 오픈런 장기공연 등이 꾸준하게 인기를 유지하고 있으며, 콘서트의 경우 한류의 영향으로 매년 그 규모와 편수가 늘고 있습니다. 싸이 연말 콘서트는 2015년까지 3년 연속 1위를 유지하기도 했지요. 그러나 사드 등 외부악재와 대학로 소극장들의 연이은 폐업으로 공연시장에도 불황이 나타나고 있습니다. 특히 한국연극의 중심지인 대학로의 위기는 향후 연극 활성화에 대한 대책 등이 고려되어야 함을 시사합니다. 뮤지컬 같은 공연예술의 산업화는

단순히 개별 작품의 마케팅을 통해 경제적 가치를 추구하는 것뿐만 아니라 창작, 유통, 소비 각 단계의 시스템화와 공연 수익의 재투자를 통해 공연예술의 자생력을 확보하는 선순환 구조를 만드는 것이 중요하다고 할 수 있습니다.

나한류: 세계적으로 불고 있는 K-pop과 드라마 등 한류열풍을 시작으로 이제는 한국의 음식에까지 세계인의 관심이 높아지고 있는 것 같습니다. 특히 식문화는 전통적인 맛과 음식부터 현 시대를 반영한 트렌드까지 한국의 식품과 문화를 전파할 수 있는 다양한 역할을 하고 있기 때문에 더욱 성장했으면 좋겠습니다.

최창현: 예, 아시아에서 유럽을 잇는 과자로드가 확장되고 있습니다. 롯데제과는 핵심 브랜드 제품의 가치를 강화하면서 해외 시장 공략에 적극 나서고 있습니다. 지난해 8월에는 인도 뉴델리에 초코파이 제2공장을 완공했습니다. 인도는 소를 숭상하는 힌두교 국가이기 때문에 현지인을 공략하기 위해 초코파이 마시멜로 원료를 식물성으로 대체해 대박을 냈고 이를 통해 기존의 첸나이 공장과 함께 인도의 남북을 잇는 '초코파이 벨트'를 완성했습니다. 롯데제과는 뉴델리 공장 완공으로 인도 시장을 적극 공략하는 것은 물론 주변국인 중동·아프리카로도 제품을 수출할 수 있을 것으로 기대하고 있습니다. 롯데칠성음료 역시 해외시장에서 밀키스·레쓰비·망고주스 등을 앞세워 러시아·중국 등에 현지 맞춤 마케팅과 영업을 강화하고, 미얀마 합작법인인 '롯데-MGS 베버리지'를 통해 미얀마 신규시장에 매진하고 있습니다.

오리온 초코파이는 한 해 매출액의 4분의 3을 해외에서 벌어들이고 있습니다. 오리온의 장수 제과 브랜드인 '초코파이 정(情)'은 지난

해 단일 상품으로 매출 4030억 원을 올렸고, 해외 매출이 3010억 원으로 국내 매출의 세 배에 가깝습니다. 중국에서 1860억 원, 러시아에서 630억 원, 베트남에서 520억 원의 매출을 올렸습니다.

　CJ푸드빌은 오는 2020년 글로벌 톱10 외식전문기업을 목표로, 글로벌 부문에서 뚜레쥬르·비비고를 중심으로 중국과 미국에서 본격적인 사업 확대에 나설 계획입니다. 그동안 직영으로만 출점해 온 비비고가 해외 파트너와 협업을 통해 내실 있는 확대에도 나서고 있습니다.

나한류: 농식품의 글로벌 진출 확대를 위한 정부의 지원 정책은 있습니까?

최창현: 예, 정부는 농식품 분야에서 글로벌 진출을 적극 지원하고 있습니다. 농림축산식품부가 주최하고 aT 한국농수산식품유통공사가 주관하는 'K-FOOD FAIR'는 한국식품에 대한 관심이 많은 해외 도시를 직접 찾아가 한국의 농식품과 문화를 체험할 수 있도록 기회를 제공하

는 대규모 식문화 융·복합 행사로 자리 잡았습니다.

　　2013년 시작된 K-FOOD FAIR는 중화권, 아세안, 할랄시장 등 수출 유망 시장에서 국내 농식품의 신규 수요 창출과 프리미엄 이미지 확산을 위해 열렸습니다. 행사를 통해 수출 확대 도모 및 국내 농식품 중소기업의 해외시장 진출 교두보 역할을 하고 있으며 2013~2014년 행사 개최국의 수출증가율은 각각 12.3%, 5.8% 늘어나는 실적을 올렸습니다.

　　현지 바이어와의 1:1 수출상담회, 소비자체험 행사로 구성되어 현지 바이어와 개최 도시의 시민이 한국식품과 문화까지 경험할 수 있도록 하고 있습니다. K-FOOD FAIR 행사를 통해 한국식품에 대한 해외소비자 인지도를 높이고 농식품 수출을 증대하는 데 기여하고 있습니다.

　　aT 한국농수산식품유통공사는 현재 해외 안테나숍 설치를 원하는 기업, 신규 상품이나 기존 상품을 개선해 수출하고자 하는 기업을 지원하는 수출업체정보 종합관리 시스템을 운영 중에 있습니다.

나한류: 이번 평창 동계 올림픽은 전 세계인들에게 한식을 알리는 좋은 기회가 되겠지요?

최창현: 한식의 우수성과 독창성, 브랜드 가치를 세계인에게 알리는 계기로 삼기 위해서 평창동계올림픽 기간 중에 홍보관과 식품관을 개설했습니다.

　　농식품부는 이번 'K-Food Plaza'를 통해 평창을 찾는 국내외 관람객들에게 볼거리를 제공하고, 한식의 브랜드 가치를 높인다는 전략입니다.

'K-Food Plaza' 내 홍보관(Culture Hall)에서는 우리 전통 상차림의 아름다움을 보여주고, 500년 된 씨간장 등 식재료와 식미를 더해주는 조리기술, 전통옹기 등 도구를 직접 보고 체험할 수 있습니다.

식품관(Food Hall)에서는 곤드레밥, 닭갈비, 메밀전 등 강원도 대표음식과 함께 불고기, 비빔밥, 설렁탕, 곤드레밥 등 60여 가지 대표 한식을 맛볼 수 있습니다.

특히 올림픽 선수촌의 각국 선수들은 줄을 길게 서가면서 다양한 치킨 요리에 열광하고 있다고 합니다. 한 뉴질랜드 기자는 매운 양념 치킨은 그야말로 '꿈의 요리(culinary nirvana)'였다"고 표현했습니다. 'KFC'를 '한국식 프라이드치킨(Korean Fried Chicken)'이라 칭하고 "KFC는 이번 평창올림픽에서 금메달이다."라고 평가했습니다.

나한류: K-beauty(이하 K-뷰티)란 무엇인가요?

최창현: 드라마나 K-pop을 중심으로 한 한류는 비주얼 이미지와 항상 동반됩니다. 그러므로 미용분야의 한류인 'K-뷰티' 또한 관심의 대상이 되며 빠른 속도로 발전하고 있습니다. 한류 스타들에 대한 관심이 그들의 헤어스타일, 메이크업, 피부관리, 네일, 화장품 등으로 확대되어 '뷰티'란 이름으로 트렌드를 형성하게 되었지요. K-뷰티를 뷰티 서비스산업, 뷰티헬스산업, 화장품산업, 미용관광산업으로 구분하기도 합니다. 2015년 한국 화장품 대미 수출규모는 2억 1,751만 달러로 전년 대비 71.5% 증가했으며, 2009년 이후 매년 두 자릿수 성장률을 기록하고 있는 신성장 산업입니다. 또한 '의료 한류'로 확산되어 내과나 건강 검진, 피부과, 성형외과 등을 찾는 외국인들도 점차 늘고 있습니다.

나한류: K-pop과 드라마의 영향으로 한류스타들의 외모가 화제가 되면서 K-뷰티 열풍으로 우리나라 화장품이 세계시장에서 큰 인기를 얻고 있다고 하지요?

최창현: 그렇습니다. 우리나라 화장품 생산의 역사는 70여 년 역사에 불과 하지만 한류열풍으로 인하여 100년 이상의 역사를 가지고 있는 세계 유수의 화장품 브랜드 속에서 당당히 세계 9위의 생산 규모를 보이며 세계 6위의 수출 규모를 갖는 화장품 강국이 된 것입니다.

사실, 수출에서 2012년 전까지 수년간 늘 무역 역조 품목이었던 우리나라 화장품은 2012년에 적자폭이 2억 6,132만 달러로 소폭 줄었고 2013년에는 4,390만 달러로 그 적자폭이 두드러지게 감소하였지요. 이후 우리나라 역사상 최초로 화장품 무역 흑자라는 기록이 쓰여진 2014년에는 수출액이 수입액보다 4억 8,715억 달러나 많아 국내 화장품 역사에 기념비적인 한 획을 긋게 되었답니다.

나한류: 화장품 수출에서 세계 6위의 무역 규모가 되려면 세계화장품 시장에서 제품에 대한 인지도가 상당히 높아야 할 것 같은데요.

최창현: 그렇습니다. 처음엔 한류로부터 시작된 K-뷰티 열풍 중 하나인 화장품산업이 언제부터인가 많은 헐리우드 유명 배우들이 사용하며 명품으로 떠올랐고 그 중 아모레퍼시픽은 세계 최대 화장품 시장인 북미에서 높은 인기를 누리며 세계 최대 화장품 편집매장인 세포라에서 유명 화장품들과 어깨를 나란히 하고 있습니다.

나한류: 아시아 국가에서 한국화장품에 대한 영향력은 어떻게 나타나고 있는지요.

최창현: 무엇보다 세계 최대 화장품 시장 중 한 곳인 중국에서는 한류 열풍과 함께 우리나라 화장품이 엄청난 인기를 누리고 있는데 중국 내에서 유사 제품과 짝퉁 제품들이 난립하여 사회적 골칫거리로 떠오른 상황입니다. 특히 중국은 우리나라 화장품 기업들에게 있어 제 2의 내수시장으로 자리잡아가고 있으며 중국세관 통계 자료망이 2015년 11월 공개한 자료에 의하면 중국 내 수입 화장품 시장에서 우리나라는 화장품 산업 종주국인 프랑스(25%)에 이어 두 번째로 화장품 시장의 18%를 점유한 것으로 나타났습니다. 이는 그 동안 화장품 강국으로 불리던 미국(14%)과 일본(14%)의 지위를 단번에 앞서는 의미있는 수치라고 볼 수 있습니다. 우리나라 화장품의 중국 내 인기는 올해도 역시 위력적으로 1위 자리를 지킬 것으로 보여집니다.

나한류: 한류의 열풍에 힘입어 국내 화장품 기업들도 중국과 아시아 국가들에 대한 적극적인 마케팅 전략에 나서야 하지 않을까요?

최창현: 물론입니다. 이러한 기업들의 마케팅전략에 힘입어 중앙아시아와 아프리카까지 모든 대륙에 걸쳐 우리나라 화장품 교역 대상국은 2011년 118개 국에서 2015년 13개국이 증가한 131개에 이르렀으며 같은 기간 수출액은 24억 5,000만 달러까지 증가하여 무려 3.5배의 성장 수치를 보여 연평균 36.9%의 성장률을 나타냈습니다. 이것은 영화·음악·방송 등 콘텐츠 분야의 인기가 높아지면서 한국산 화장품 선호도가 덩달아 높아졌고 브랜드력이 강화된 덕이 크다고 분석되어집니다.

나한류: 이렇게 긍정적인 성장률과 성과를 나타내려면 기업과 정부의 공동 역할이 필요한 것 같은데요.

최창현: 그렇습니다. 이 같은 성과는 정부 차원의 규제완화와 중소기업의 시장 진출에 대한 지원 사업이 활발하게 진행되었던 것도 분명 한 몫을 했다고 볼 수 있겠습니다.

나한류: 세계시장에서 한류가 이끌어낸 K-뷰티의 영향이 기업들의 위상에는 어떻게 나타나고 있는지요.

최창현: 우리나라 화장품이 중국을 비롯한 아시아 시장에서 큰 인기를 얻으면서 유명 화장품 관련 박람회에서 한국 기업의 참가는 눈에 띄게 증가하였을 뿐 아니라 세계 유명 박람회에 참가한 한국 기업들의 위상

도 달라졌는데 이것은 한국화장품 브랜드를 찾는 바이어와 한국기업들을 찾는 일반 참관객들의 방문객 수가 예전에 비해 큰 폭으로 증가한 것을 보면 알 수 있습니다.

나한류: 아시아 시장에서도 특히 중국, 베트남에서의 한국산 화장품의 성장세는 놀라울 정도로 크다고 하지요.

최창현: 네. 한 예로 2016년 4월 베트남 호찌민시에 위치한 Saigon Exhibition & Convention Center(SECC)에서 '2016 코스모뷰티 베트남 화장품 미용 박람회'가 개최되었는데 전체 참가 기업 400개 중에서 한국 기업은 역대 최대 규모인 47개에 달했으며 5월 16일부터 18일까지 중국 상하이 홍차오 국제관에서 열린 '2016 상하이 인터내셔널 뷰티 엑스포(2016 SHANGHAI INTERNATIONAL BEAUTY EXPO)'에서는 1,800여 개 참가 업체 중 한국 기업이 100개에 이르러 현지 총판 참가 부스를 포함하면 전체 부스의 10%를 넘은 것으로 추산되었습니다. 이후 5월 18일부터 20일까지 상하이 신국제전람센터에서 열린 '2016 중국 상하이 화장품 미용 박람회(THE 21ST CHINA BEAUTY EXPO)'에서도 전 세계 26개국 7,888개 참가기업 가운데 한국관에 참여한 국내 기업 수는 독립부스를 포함하여 240여 개로 한국 기업들이 바라보는 아시아 시장의 미래는 매우 밝아 보입니다.

나한류: 한류 열풍은 한국 기업들이 세계시장으로 진출하는 데 있어 출발 지점에서 이미 플러스 점수를 부여 받는 것이기에 기업들에게 있어 박람회는 상당히 좋은 성장 기회가 될 수 있을 것 같은데요.

최창현: 네. 기업들은 박람회장에서 다양한 한류열풍을 볼 수 있었는데요. 전시홀에서는 한복을 입고 안내하는 사람들과 한글로 된 홍보문구를 사용하는 마케팅, K-팝 뮤직비디오를 틀어 놓기, 더 나아가 아예 제품명까지 한국어로 사용한 해외 기업과 한류 스타를 한국 모델로 기용한 해외 기업들도 있었습니다. 중요한 것은 박람회장에서 거래까지 이어진 기업들이 상당히 있었다는 것입니다.

나한류: 지난해 중국과 사드로 인해 외교적 난관이 있기 전, 중국은 우리나라 화장품 시장의 최대 고객이었었지요.

최창현: 그렇습니다. 한류 스타를 앞세운 한국 화장품에 대한 중국 여성들의 반응은 말그대로 '열광'적이었습니다. 한국을 여행하는 중국관광객들에게 한국의 화장품은 최고 중 하나의 소비대상이었습니다. 곧 프랑스마저 추월할 것이란 전망도 나왔었지만 2017년 국가간 외교문제로 인해 잠시 그 성장세가 멈춘 것으로 보입니다.

그리고 한류의 영향으로 한국의 발레산업도 성장하고 있는데요. 1990년 〈심청〉이라는 한국의 발레공연은 '발레의 탄생지'인 이탈리아와 오스트리아에서 공연을 성공적으로 마쳤습니다. 한국 발레 역사상 최초의 유럽 진출을 창작발레로 했다는 점에서 매우 의미있고 도전적인 사례라고 할 수 있지요.

그 이후부터 한국의 발레는 활발하게 해외진출을 시작하게 됩니다. 특히 2000년대는 그 어느 때보다 해외공연이 많이 개최되었어요. 〈백조의 호수〉, 〈지젤〉, 〈돈키호테〉로 유럽 6개국 영국 런던, 오스트리아 비엔나, 독일 뮌헨, 스위스 제네바, 그리스 테살로니키, 헝가리 부다페스트에서 22회 공연을 성공리에 진행하였지요.

제4부

한류의 진화

제1장
한류의 중심 K-pop

나한류: 과거 스포츠, 기술 산업으로 한국을 세계에 알린 바가 있지만 어느 시점에서만 짧게 지속되었고 이러한 것들은 많은 사람들이 관심을 갖는 분야가 아니라는 점에서 많은 한계를 가졌습니다. 그러나 한류 K-pop은 10대 초반에서 장년층까지 팬 층을 넓혀가 공감대를 형성하고 한국을 빠른 시간 내에 효율적으로 알리고 있습니다. K-pop이라는 우리의 대중가요는 다른 나라에 한국을 알리고 경제적 효과를 가져오는 한류의 중심 분야로 자리잡고 있습니다.

최창현: 옛날 우리나라를 알리는 계기는 김치, 비빔밥, 기술, 올림픽과 같은 일반적인 것이었습니다. 과거에는 딱히 외국인이 관심을 갖게 할 만한 것이 없었지요. 하지만 K-pop을 통해 현재의 외국인들은 한국에 관심을 갖고 한국이라는 곳이 어떤 곳인지 궁금해합니다. 한국노래

를 따라 하는 것을 넘어 한국어를 배우게 되었으며, 한국을 알기 위해 한국에 찾아오는 유학생들의 숫자도 기하급수적으로 늘어나고 있습니다. 좋아하는 가수의 한국문화, 음식 등에 관심을 갖고 체험하기 위해 한국을 방문하는 관광객들도 늘어나고 있지요.

좋아하는 가수의 한국 문화, 음식 등에 관심을 갖고 체험하기 위해 한국을 방문하면서 외국인들은 한국의 문화, 상품, 이미지를 거부감 없이 받아들이고 있습니다. 이로 인해 한국의 경제효과 또한 급성장하고 있습니다.

이러한 외국인들의 방문과 관심은 브랜드에 영향을 미치기도 합니다. 일단 방문을 하면 주위에 많은 광고들로 인해 관심을 이끌 수도 있고 K-pop에 관심을 갖고 네트워크를 통한 동영상 등의 간접광고를 통해 관심을 갖게 될 수도 있습니다. 삼성, LG, 기타 식품회사들의 제품도 간접적으로 많은 수익효과를 보고 있지요.

나한류: K-pop 페스티벌 '케이콘'에는 올해 LA에만 유료관객 8만 명이 몰렸습니다. 매년 새로운 라인업이 꾸려지지만 관객은 지속적으로 증가하고 있지요. 미국 내 K-pop의 주력 팬들의 인종구성은 더이상 아시안 커뮤니티 중심이 아닌 유럽계 미국인, 라티노, 아프리카계 미국인등으로 눈에 띄게 재편되고 있으며, 경제적으로는 중산층 이상의 팬들이 늘어나고 있다는 통계도 나오고 있습니다. 한인도 아닌 평범한 미국인들이 수백불에 달하는 경비를 지불하고 미국 전역에서 이 행사를 보기 위해 모여드는 모습은 분명 K-pop이 만든 '현상'적 인기의 단면이라고 할 수 있습니다. 특히 유럽에서 K-pop이 인기를 얻고 있는 이유가 무엇인가요?

최창현: K-pop은 유럽적 사운드를 갖고 있기 때문입니다. 특히 SM엔 터테인먼트의 아이돌 그룹 곡은 주로 유럽 작곡가의 곡과 미국 안무가 의 춤, 한국 퓨로듀싱을 결합해 만들어 냅니다. SM엔터테인먼트와 협 업하는 해외 음악가는 300여 명이며 대부분 유럽출신이라고 하지요. 보아의 '허리케인 비너스'와 소녀시대의 일본 데뷔곡 '소원을 말해봐'도 유럽 작곡팀이, f(x)의 '츄'는 스웨덴, 동방신기의 '주문'은 덴마크의 인 력이 참여하여 음악을 만들었다고 합니다. 프랑스인들이 한국 아이돌 공연에 열광하는 것도 그들의 감성에 맞는 음악을 유럽 작곡가와 협업 해 만들어 냈기 때문이지요.

SM엔터테인먼트 글로벌 작곡가, 안무가 참여 현황

가수-노래	작곡가	안무가
소녀시대 '소원을 말해봐'	Nermin Harambasic, Robin Jenssen, Ronny Svendsen, Anne Judith Wik, Fridolin Nordso Schjoldan	Rino Nakasone
소녀시대 '더 보이즈'	Tdeey Riley	Rino Nakasone
샤이니 '셜록'	Thomas Troelsen, Rufio Sandilands, Rocky Morris, Thomas Eriksen	Tony Testa
동방신기 '주문-미로틱'	Mikkel Remee Sigvardt, Lucas Secon, Thomas Troelsen	Kenny Wormald
f(x) '피노키오'	Alex Cantrall, Jeff Hoeppner, Dwight Watson, hitchhiker(한국 작곡가)	Jillian Meyers

나한류: 그렇지만 K-pop이 항상 성공할 것이라는 보장은 없기 때문에 정부 또는 이해관계자들의 많은 노력이 필요할 것 같아요.

최창현: 그렇습니다. 무엇보다 한국의 국민들이 K-pop에 대한 자부심이 없다면 K-pop은 더 이상 발전하기 힘들 것입니다. 자국의 대중가요에 대한 자부심을 가지고 향유할 필요가 있습니다. 특히 K-pop의 국내 문화콘텐츠 발전을 위해서는 지적재산권 등 법적 보호를 중시하고 우리들 스스로 불법 다운로드를 하지 않아야 할 것입니다.

제 2장
K-pop 위기론

나한류: '강남 스타일'의 메가 히트 이후 지난 수년간 지속적으로 '케이팝 위기론'이 제기되고 있습니다. 한류의 진원지로 여겨지는 동남아시아는 물론 각국에서 수집된 다양한 지표를 통해 한풀 꺾인 한류 붐의 징조가 다각도로 포착되고 있습니다. K-pop이 유튜브 등에서 화제가 되어 전 세계에 많이 알려지고 여건이 좋아졌지만 언제까지 인기를 지속할 수 있을지는 장담할 수 없을 것 같아요.

최창현: 2015년 연말 일본 니혼케이자이 신문이 보도한 〈2015년 콘서트 관객 동원 순위〉에 따르면, 50위권에 이름을 올린 케이팝 아티스트는 동방신기, 빅뱅, 2PM 등 6팀으로 2014년 10팀에 비해 4팀이 감소하였으며, 이례적으로 걸그룹은 단 한 팀도 이름을 올리지 못하였고 음반 상황도 크게 다르지 않은 상황입니다.

나한류: 최근 중국과 일본에서 반한류(反韓流) 바람이 불고 있다고 합니다. 특히 중국 연예계의 경우 한류에 대한 단순 비난을 넘어 제도적 장치를 통해 한류를 억누르는 단계로 가고 있습니다. 일본에선 한류를 미워한다는 뜻의 '혐한류(嫌韓流)'가 나타나고 있습니다. 일본 내 혐한류의 배경은 한류 인기에 대한 질투와 시기심이 반영된 것이라는 의견이 대다수이지만, 한류의 가장 큰 소비자인 중국과 일본의 반한류 움직임은 눈여겨 보아야 할 것입니다.

최창현: 문화는 물과 같다고 생각합니다. 물처럼 높은 곳에서 낮은 곳으로 흐르지요. 애초에 한류는 수출용이 아닌 내수용이었습니다. 품질이 높아지자 국적 불문하고 모두가 즐기게 된 것이지요. 우리가 고품질의 한류 콘텐츠를 계속 생산한다면 충분히 해결될 수 있을 것이라 전망합니다. K-pop은 우수한 아티스트와 풍부한 자본으로 경쟁력을 확보하고 SNS 또는 효과적 홍보기반의 인프라를 통해 신드롬을 일으켜야 수익이 창출되는 흥행의 결과를 가져옵니다. 수익을 통해 또 다시 새로운 아티스트를 발굴하고 다음과 같은 성공의 선순환이 발생하는 것이지요.

변화하는 K-pop의 생태계와 흐름을 읽지 못하고 추진한다면 투자의 위험성이 증대하고, 수익성이 악화되어 좋은 음악과 아티스트를 발굴하지 못해 경쟁력을 상실하게 됩니다. 이는 팬들에게 안좋은 정서를 가져오고 K-pop의 실패를 가져와 지속적인 악순환을 반복하게 되지요.

나한류: 이러한 문제점을 해결하기 위해 정부 차원에서도 개선이 필요할 것 같습니다.

K-POP의 선순환 고리구조

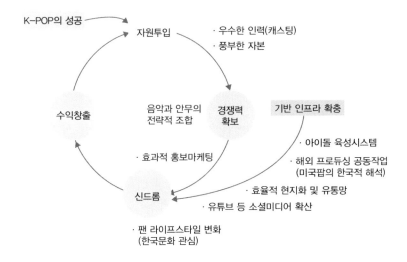

발생가능한 K-POP의 악순환 고리구조

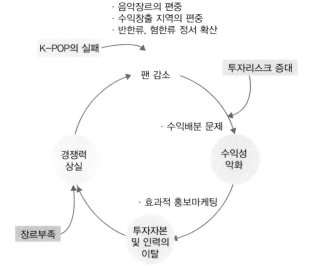

최창현: 이제 K-pop은 단순히 음악성으로 사람들의 감성을 자극하고 마음을 움직일 뿐만 아니라 전 세계에 한국을 알리고 국가브랜드를 높여주는 역할을 하고 있습니다. 이처럼 K-pop은 문화관련 산업 중 하나로 국가에 많은 도움이 되고 있는 것이지요. 이에 정부에서도 K-pop으로 인한 수익성 등을 고려해 K-pop을 더욱 발전시키기 위해 문화관련 산업 발전에 걸림돌이 되는 규제를 개선한다고 발표했습니다. 정부의 지원은 환영할 일이지만 너무 강한 간섭과 규제는 자제하는 정책이 바람직하다고 생각합니다.

삼성경제연구소에서는 연구를 통해 K-pop의 성공을 위한 다이아몬드 모델을 제시하였습니다. 이 모델에서는 생산자, 콘텐츠, 전달방식, 소비자가 서로 유기적인 역할을 하고 있습니다.

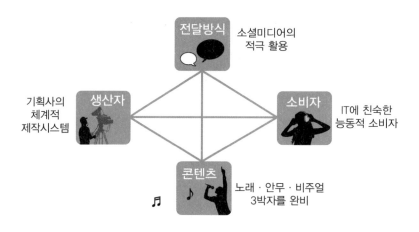

출처: 서민수(2012). K팝의 성공 요인과 기업의 활용전략. 삼성경제연구소 CEO Information, 제841호.

　연구보고서에서 생산자(기획사)는 제작 프로세스를 시스템화하고 장기적 안목으로 치밀하게 해외시장을 준비해야 하며, 콘텐츠인 K-pop 아이돌은 가창력과 안무, 비주얼의 3박자가 결합된 경쟁력을 바탕으로 끊임없이 변신하며 전 세계 소비자를 매료시켜야 한다고 제시합니다. 전달방식은 자발적 확산이 용이한 SNS를 적극 활용하여 해외진출 과정에서 소요되는 비용과 시간을 절감해야 한다고 제안합니다. 마지막으로 소비자는 IT에 친숙하면서 적극적으로 문화를 향유하고 자유롭게 의사를 표현하는 능동적인 소비를 해야 한다고 지적합니다.

제 3장
K-pop의 중심 아이돌 그룹

나한류: 한국에 아이돌 그룹 수는 얼마나 될까요?

최창현: 2008년도 이후부터 2012년까지 나온 그룹들을 기준으로 약 50에서 120그룹 이상은 될 듯 합니다. 2015년도 한 해에 데뷔한 아이돌 그룹만도 60여 팀, 2016년 80여 팀이라고 하지요.

나한류: 아주 많은 그룹이 있군요. 대표적인 아이돌 그룹은 누구인가요?

최창현: 소속사별로 살펴보면 YG 엔터테인먼트에는 빅뱅(Big Bang), 투애니원(2NE1), 싸이(Psy), 블랙핑크(Black Pink) 등이 있습니다. SM에는 H.O.T, 신화, S.E.S, 보아(BoA), 동방신기(TVXQ), 소녀시대(Girls' Generation), 슈퍼주니어(Super Junior), 샤이니(SHINee), 엑소(EXO), 레드벨

벳(Red Velvet) 등이, JYP 엔터테인먼트에는 원더걸스(Wonder Girls), 미쓰에이(Miss A), 투피엠(2PM), 트와이스(TWICE) 등이 있지요. 빅히트 엔터테인먼트에는 방탄소년단(BTS), 쏘스뮤직에 여자친구(GFRIEND), 스타쉽에 케이윌(K Will)과 우주소녀(WJSN), 몬스타엑스(MONSTA X), FNC 엔터테인먼트에 씨엔블루(CNBLUE), FT아일랜드(FTISLAND) 등이 소속되어 있습니다.

나한류: 카드(KARD)와 같은 남녀 혼성 그룹도 활동하고 있지만, 아이돌 그룹은 보이그룹과 걸그룹으로 나눌 수 있을 것 같아요. 대표적인 보이그룹은 누구인가요?

최창현: 최근 인기를 끌고 있는 대표적인 보이그룹으로는 방탄소년단(BTS), 워너원(Wanna One), 그리고 엑소(EXO) 등이 있습니다. 한국기업평판연구소는 2017년 12월 12일부터 2018년 1월 13일까지 측정한 보이그룹 브랜드 빅데이터 112,053,324개를 소비자 행동분석을 통해 보이그룹 브랜드에 대한 참여지수, 미디어지수, 소통지수, 커뮤니티지수를 측정했습니다. 보이그룹 브랜드평판 2018년 1월 빅데이터 분석결과, 1위 방탄소년단, 2위 워너원, 3위 엑소로 나타났지요. 4월 빅데이터 분석결과는 1위 워너원, 2위 방탄소년단, 3위 빅뱅으로 나타났습니다. 방탄소년단은 5월 20일 미국 빌보드 뮤직 어워드에서 신곡을 발표하면서 컴백하고 이어 25일에는 2017년 11월에 출연했던 미국 NBC '엘렌 드제너러스 쇼'에 재출연할 예정입니다. 특히 빌보드 2년 연속 '톱 소셜 아티스트' 상 후보에 올라 저스틴 비버(Justin Bieber), 아리아나 그란데(Ariana Grande), 션 멘데스(Shawn Mendes) 등과 수상을 놓고 경쟁합니다(스타뉴스, 2018년 5월 2일자).

브랜드 지수는 소비자들의 온라인 습관이 브랜드 소비에 큰 영향을 끼친다는 것을 찾아내서, 브랜드 빅데이터 분석을 통해서 만들어진 지표입니다. 보이그룹 브랜드 평판지수는 보이그룹에 대한 긍·부정 평가, 미디어 관심도, 소비자들의 관심과 소통량을 측정할 수 있습니다.

나한류: 브랜드 평판에 따른 대표적인 걸그룹은 무엇인가요?

최창현: 대표적인 걸그룹으로는 트와이스(TWICE), 레드벨벳(Red Velvet), 그리고 블랙핑크(Black Pink) 등이 있습니다. 2018년 1월 기준으로 걸그룹 브랜드평판 1위는 트와이스로 나타났습니다. 트와이스 브랜드에 대한 링크분석에서는 '감사하다, 웃다, 예쁘다'가 높게 나왔고, 키워드 분석에서는 '캔디 팝, 정연, 모모'가 높게 나왔다고 합니다. 또한 트와이

스 브랜드에 대한 긍·부정 비율 분석에서는 긍정비율 54.11%로 분석됐다고 발표했습니다. 4월 빅데이터 분석결과는 1위 레드벨벳, 2위 마마무, 3위 모모랜드로 나타났습니다. 레드벨벳이 1위로 올라간 것은 아마도 방북공연에 참여한 영향으로 보입니다.

나한류: 한국 아이돌 그룹의 수입은 어느 정도인가요?

최창현: 2017년 기준 트와이스는 149억, 워너원은 244억, 엑소는 315억, 방탄소년단은 약 408억 정도로 추산되고 있습니다. 2017년 상반기에 데뷔한 괴물신인 워너원(Wanna One)의 수입도 2018년까지는 1000억대로 예상하고 있습니다.

나한류: 기획사나 아이돌들의 수입만 엄청난 것이 아니라 한류를 통한 마케팅 효과도 엄청나겠지요?

최창현: 삼성전자는 미국 라스베이거스에서 열린 'CES 2018' 개막 콘퍼런스에서 BTS를 통한 홍보로 큰 효과를 거두었습니다. 개막 프레스 콘퍼런스에 참석한 BTS를 녹화해 게시한 유튜브 동영상의 조회수가 7만 뷰를 목전에 두고 있지요. 삼성전자는 1시간여에 걸친 콘퍼런스 중반에 TV와 음악 스트리밍 앱 스포티파이를 연동해 음악 시연을 하며 약 2초가량 BTS의 '마이크 드롭(MIC Drop)'을 내보냈습니다. 이윤철 삼성전자 전무가 "BTS"라고 소개하지 않았다면 이 노래가 무엇인지도 알아채기 힘들 '2초'였습니다. 그러나 삼성전자의 BTS 홍보를 들은 전 세계 팬들은 삼성전자 유튜브 공식 계정이 행사 후 올린 영상까지 찾아보고 있습니다. 삼성전자가 게시한 다른 동영상들의 조회수가 1만 건 미만인 데 비하면, '2초'짜리 BTS의 효과가 엄청남을 알 수 있지요.

나한류: 한국 아이돌 그룹만의 성공요인이 있나요?

최창현: 이와 관련한 여러 언론 내용과 연구를 종합하면 한국 아이돌 그룹의 성공요인을 다음의 세 가지로 제시할 수 있습니다.

한국 아이돌 그룹의 성공요인

1. 서구 음악을 동양적으로 세련되게 소화하는 다양한 문화의 융복합
2. 아이돌 육성 시스템
3. SNS의 확산

한국의 아이돌 그룹은 해외 작곡가, 안무가 등과의 협업으로 다양한 해외의 감성들을 곡과 안무에 반영하고 있으며, 최근에는 중국과 태국 등의 외국인을 그룹의 멤버로 영입하여 해외 진출 시 타문화에

대한 거부감을 최소화하고 있습니다. 또한 체계적인 아이돌 육성 시스템을 구축하여 각 기획사에서는 장기적인 관점에서 아티스트를 발굴하고 있지요. 또한 SNS의 확산으로 한국의 아이돌 그룹은 물리적 거리의 한계를 넘어서기 위해 해외의 많은 팬들과 활발하게 소통하고 있습니다. 이러한 요인들이 한국 아이돌 그룹의 성공요인이라고 할 수 있겠네요.

나한류: 그간 수많은 아이돌 서바이벌, 오디션 프로그램들이 있었고, 거기에 참가하거나 프로그램을 보고 아이돌의 꿈을 갖게 돼 연습생 생활에 뛰어든 수천 명의 소년·소녀들이 생겨났습니다. 그러나 그 중 성공하거나 이름을 알린 팀은 한 해 두세 팀에 불과한 것이 현실입니다. 데뷔조차 하지 못한 이들은 수천 명에 이를 것으로 추산됩니다. 이렇게 밀려난 아이돌 지망생들에 대한 문제도 심각하게 나타나고 있습니다.

최창현: 한국의 아이돌 경쟁률은 800대 1에 달하며, 연습생 생활만 10년 정도라고 합니다. 데뷔를 해도 모든 그룹이 성공하는 것은 아니기 때문에 아이돌 지망생들과 실패한 아이돌들의 생활은 매우 열악하지요.

그룹 해체 후 녹즙 배달 아르바이트를 했다는 '스피카'의 양지원은 오디션 프로그램에서 절실한 얼굴로 말했다.
"해체 후 생계 수단이 없으니까 오디션만 볼 수가 없었다. 그래서 아르바이트를 해야겠다고 생각했다. 숙소에 방치돼있는 채로 1년이 흐르니 어떻게 해야 하지 싶고 출구가 없었다."
KBS2 〈아이돌 리부팅 프로젝트 더 유닛〉 중

나한류: 한국의 아이돌 육성 시스템은 어떠한가요?

최창현: 현재 한국의 아이돌 육성 시스템은 2000년대 중반 이후 정착되었습니다. 미국이나 유럽 등의 해외 팝 시장의 아이돌 육성 시스템은 뛰어난 재능을 가진 소년·소녀들을 발굴해 데뷔시키는 것을 핵심으로 합니다.

반면 한국의 아이돌 육성 시스템은 국내 대형 기획사들이 수천대 1 이상의 살인적인 경쟁률을 기록하는 오디션을 거쳐 연습생을 뽑고 수년에서 10년 이상 연습생에게 노래와 춤, 연기, 언어 등을 트레이닝하지요. 뽑힌 연습생들 사이에서도 살인적인 경쟁을 한 후 아이돌 그룹을 구성해 데뷔하는데 이 중에서도 이른바 '톱스타' 아이돌 그룹으로 성장하는 것은 극소수입니다. 길게는 10년 이상의 세월을 오로지 아이돌 그룹 데뷔를 위해 미모·몸매 관리, 노래·춤·연기 연습에만 바치고도 톱스타가 되지 못한 연습생들은 절대적인 빈곤층으로 전락하게 됩니다.

> 걸그룹 EXID의 하니는 한 케이블 예능에서 "EXID 계약 기간이 끝나면 다른 일을 하고 싶다"며 연습생 시절 친구들과 경쟁해야 했던 현실을 언급하고 "심리 상담사가 돼 아이돌 연습생들의 마음을 치료해주고 싶다"고 말했다.

나한류: 아티스트는 누군가가 창조해서 만들어지는 것은 아니라고 생각합니다.

최창현: 방탄소년단의 소속사 빅히트엔터테인먼트의 방시혁 대표는 콘셉트를 기반으로 앨범을 만들어내는 것은 옳지 않다고 생각해 먼저 멤버들 개개인의 성장, 고민, 행복에 대해 얘기를 많이 나눈다고 합니다.

방탄소년단의 메시지가 청춘의 공감을 끌어낼 수 있었던 데는 그들의 생각과 개성을 존중하는 방 대표의 철학이 녹아있었던 겁니다.

방 대표는 하기 싫은 일은 억지로 시키지 않는다고 합니다. 방탄소년단이 블랙뮤직의 정체성을 끌고 가는 것은 "멤버들이 가장 하고 싶어 하는 음악"이기 때문입니다. 멤버 슈가는 "방 프로듀서님은 늘 열린 자세로 우리의 음악과 생각을 수용해주신다"고 강조했습니다. 방 대표는 "멤버들이 가장 편하고 잘하는 걸 하려고 한다."고 이야기 합니다.

나한류: 앞서 두 가지의 대비되는 사례는 아이돌 관리 시스템에 중요한 점을 시사하고 있는 것 같습니다.

최창현: 현재의 엄격하고 억압적이고 경직적인 기계적 기획사 시스템은 변화하여야 합니다. 앞으로 소속 멤버들을 좀 더 배려하고 자발적인 창의성을 발휘하도록 해주는 온화하고 유연한 유기체적 기획사 시스템 으로 환골탈태할 필요가 있습니다.

> JYP는 돈보다 연습생의 행복이 더 중요한 가치라고 말한다. 중간보다는 높은 배려와 다소 높은 성과를 보이는 시스템이라 할 수 있다. JYP는 "탈세·탈법·접대문화 유혹에서 가치관을 지키며 재능 있는 친구들을 키우는 게 나의 행복이다."라고 언급하였다.
>
> 2015년 한국일보 인터뷰 중

다음 그림과 같이 Y축에 배려지향과 X축에 성과지향 시스템으로 아이돌 관리 시스템을 1) 높은 배려, 낮은 성과의 시스템, 2) 낮은 배려, 높은 성과의 시스템, 3) 높은 배려, 높은 성과의 시스템, 4) 낮은 배려, 낮은 성과의 시스템, 그리고 5) 중간 배려, 중간 성과의 시스템 등 다섯 가지 아이돌 관리 시스템으로 구분할 수 있습니다. 가장 이상적인 시스템은 3) 높은 배려, 높은 성과의 시스템이나 이는 너무 이상적으로 실현 가능성이 낮다고 할 수 있습니다. 앞으로는 아이돌 그룹 멤버를 배려하면서, 아이돌 그룹의 성과도 중요시하는 5) 중간 배려, 중간 성과의 시스템으로 가는 것이 바람직할 것입니다.

아이돌 그룹 멤버에 대한 배려지향과 그룹의 성과지향 시스템

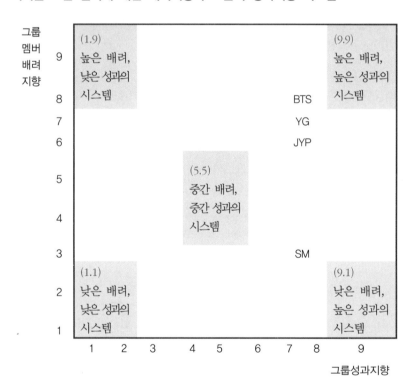

제 4장
K-pop과 엔터테인먼트

나한류: K-pop 가수들이 기획사를 위한 노래를 하는 건지 행복하기 위해 노래를 부르는 건지 궁금해요.

최창현: SM, YG, JYP 등의 대형 기획사에서 철저히 기획에 의해 구성된 그룹과 음악을 즐기는 그룹으로 K-pop 가수들을 구분해 보면 좋을 듯 합니다. 대형 기획사 소속으로 최근 우울증 등의 증세로 고민하다 자살한 보이 그룹의 한 멤버의 경우와 최근 전 세계적으로 폭발적인 인기를 끌고 있는 소규모 기획사 소속 방탄소년단(BTS)을 예로 들어 보면 대형기획사 소속의 가수들은 철저히 위로부터 아래의(top-down) 방식으로 기획된 장기간의 교육으로 키워집니다. 반면 방탄소년단(BTS)의 경우는 보이 그룹 멤버가 주축이 되어 작사 작곡을 하고 어느 정도 자발적인 창작 활동을 하니 자신들의 행복을 느끼면서 창작 활동을 한

사례입니다. 이제는 기획사에서 소속 멤버들이 행복한 삶을 영위하도록 다양한 배려를 할 필요가 있다는 것이지요.

나한류: 한국의 아이돌 육성 시스템은 가요 시장이 산업화하는 과정에서 생겨난, 여느 나라에서는 찾아보기 어려운 독특한 체계로 알려져 있지요?

최창현: 보통 해외 팝 시장에서는 탁월한 재능이 있는 '원석'을 발굴해 데뷔시키는 것과 달리, 국내 기획사들은 오디션을 거쳐 뽑힌 연습생을 수년에 걸쳐 노래와 춤, 연기, 언어 등을 트레이닝하고 그 안에서의 경쟁을 통해 해외에서도 통할 팀으로 조합한 뒤 음악 시장에 첫선을 보입니다. 연습생들은 매월 성취도를 평가받은 끝에 데뷔조에 뽑히고, 팀워크와 바쁜 스케줄의 기동력을 위해 대부분 숙소 생활을 시작합니다.

이때부터 숙소에서 다수의 멤버와 부대끼고 기획사의 관리에 놓이면서 사생활은 거의 없게 되는 것이지요.

나한류: 한국의 아이돌 육성 시스템의 비용이 만만치 않다고 들었습니다.

최창현: 조사에 따르면, 5인조 그룹을 기준으로 2년 연습생 과정부터 데뷔까지 많게는 10억 원, 평균 4~5억 원이 쓰여진다고 합니다. 성형에 신경을 쓰는 경우라면 1~2억 원 정도의 추가비용은 감수해야 하는 것이지요.

가창, 안무, 외국어 등 교육 비용은 강사 1인당 한 달에 200~500만 원선이며, 1년에 한두 차례 해외 전문가를 초빙하는 특별 교육엔 회당 1,000만 원이 들어간다고 합니다. 숙소 임대료나 관리비, 식대, 기타 발생 비용 등 24개월치로 환산하면 연습생 기간 동안 7억여 원의 지출이 발생한다고 할 수 있습니다. 또한 평균 이상의 데뷔음반을 원한다면 3억 원은 기본으로 지출되며, 작곡·편곡·작사, 녹음, 안무, 뮤직비디오 제작비, 마케팅 프로모션, 의상 및 헤어·메이크업, 프로필 촬영 등 기타 비용을 합치면 그 금액은 어마어마하지요.

한마디로 이 시스템은 기획사가 기획해 수년에 걸쳐 가수를 육성하고 관리하는 구조입니다. 과거에는 5인조 이상의 한 팀이 데뷔하기까지 레슨비, 숙소비, 앨범과 뮤직비디오 제작비, 마케팅비 등을 합해 평균 15억~20억 원의 비용이 투입됐지만, 현재는 기획사마다 편차가 있더라도 많게는 30억~50억 원까지 들어간다는 것이 가요계의 설명입니다. 시간과 큰 자본이 투입되다 보니 성공과 인기 유지를 위해 이미지에 금이 가지 않도록 회사나 가수 모두에게 엄격한 관리가 요구되는 것이지요.

5인조 기준(2년 연습생) 데뷔 비용		
항목	비용	
레슨비	월 1,500만×24개월	3억 6,000만원
해외초빙트레이너	연 2,000만(2회)×2년	4,000만원
숙소	월 500만×24개월	1억 2,000만원
식대 및 기타	월 500만×24개월	1억 2,000만원
소계	6억 4,000만원	
음반제작	5,000만원	
뮤직비디오	5,000만원	
마케팅 프로모션	1억원	
의상·헤어·기타	1억원	
소계	3억원	
총계	9억 4,000만원	

나한류: 해외 언론에서는 한국의 이러한 아이돌 육성 시스템에 대한 비판적인 시선을 보내기도 합니다.

최창현: 네, 미국 연예매체 등에서는 "한국 유명인들이 악명 높은 중압감에 시달린다."며 "한국에서 가수들은 소속사의 엄격한 관리를 받는다."고 보도하기도 합니다. "음악을 수출품으로 만든 제작사의 기획으로 길러진 소년과 소녀들"이라고 비판하기도 하지요. 최근 자살한 한국의 인기 아이돌 그룹 멤버의 사례도 이러한 아이돌 육성 시스템과 무관치 않음을 시사합니다.

나한류: 2017년 3월 공정거래위원회는 자산총액 120억 원 이상 8개 연예 기획사의 연습생계약서를 심사해 과도한 위약금 부과, 전속계약체

결 강요, 법률에 보장된 권리 배제, 부당한 계약해지 등 6개 유형의 불공정 약관조항을 시정했다고 밝혔습니다. 아이돌 연습생에 대한 기획사들의 갑질도 사회적 문제가 되고 있습니다.

최창현: 연습생 계약서는 연예 기획사들이 연예인 지망생들의 교육 및 관리를 목적으로 체결하는 것으로 연습생트레이닝 계약서, 약정서, 연습생규정서, 연습생 계약서 등의 명칭으로 사용하고 있습니다. 조사대상 연예 기획사는 ㈜에스엠엔터테인먼트, ㈜로엔엔터테인먼트, ㈜제이와이피, ㈜에프엔씨엔터테인먼트, ㈜와이지엔터테인먼트, ㈜큐브엔터테인먼트, 젤리피쉬엔터테인먼트㈜, ㈜디에스피미디어 등 자산총액 120억 이상 8개 업체로 약관심사 과정에서 해당조항을 모두 스스로 시정했습니다.

나한류: ㈜YG엔터테인먼트, ㈜JYP, ㈜FNC엔터테인먼트, ㈜큐브엔터테인먼트, 젤리피쉬엔터테인먼트㈜, ㈜DSP미디어 등 6개 기획사는 연습생 귀책 사유로 계약을 해지할 때 투자 비용의 2~3배액을 위약금으로 규정하고 있었다고 합니다. 이는 연습생들에게 경제적인 압박을 가해 과중한 손해 배상 의무를 부담시키는 조항으로 부당하다는 게 공정위의 판단이었지요.

최창현: 네, 맞습니다. 이에 공정위는 계약을 해지할 때 연습생에게 트레이닝을 위해 직접적으로 투자한 금액만을 위약금으로 청구할 수 있도록 시정 조치했습니다. 공정위에 따르면 연예기획사의 소속 연습생에 대한 투자비용은 3년간 연평균 5,300만 원 정도인 것으로 알려졌습니다. 이에 심사대상 약관조항에 따른 실제 위약금은 1억 원에서 1억

5천만 원 수준인 것으로 추정됩니다. ㈜JYP, ㈜큐브엔터테인먼트, ㈜ DSP미디어 등 3개 기획사는 그동안 전속 계약 체결을 강요하는 조항을 사용하고 있었습니다. 계약 기간 만료 후에도 현재 소속된 연예 기획사와의 전속 계약 체결 의무를 부담시키거나, 이를 거부할 경우 투자 비용의 2배를 반환토록 했던 것이지요. 일부 연예 기획사는 계약 기간 만료 후에도 3년 동안 타 연예 기획사와 전속 계약을 체결하는 경우 일정한 위약금을 부과하기도 했습니다. 해당 약관 조항은 전속 계약 체결을 강요해 연습생이 제3자와 계약 체결할 수 있는 법률상 권리를 부당하게 제한한 것으로, 공정위는 연습생 계약 기간이 만료된 경우 기획사는 연습생과 재계약, 전속 계약 체결을 위한 우선적 협상만을 진행할 수 있도록 조치했습니다.

나한류: 모든 정책이 그렇듯이 공정위의 기획사에 대한 시정 조치에 문제점도 있겠지요?

최창현: 이번 공정거래위원회의 시정조치는 8개 대형 연예기획사를 대상으로 이뤄졌습니다. 현재는 여타 기획사로 대상이 확대되지 않았지만 문화체육관광부의 올해 업무 계획에 연습생 표준계약서 제정과 보급이 포함돼 있어 향후 모든 기획사로 확대될 것으로 보입니다. 아직 데뷔조차 하지 않은 연습생들의 인권과 미래를 위한 취지라지만 중소 연예기획사 입장에서는 회사의 자산인 연습생들을 빼앗길 수 있기 때문이지요. 연습생이 넘쳐나는 대형 연예기획사야 이 조항이 별문제가 안되지만 흙 속의 진주를 발굴해야 하는 중소 연예기획사 입장에서는 그동안 투자한 연습생이 실비만 내고 계약을 해지할 경우 큰 피해를 입게 됩니다.

제 5장

굿즈(GOODS) 산업의 성장

나한류: 일명 '굿즈'라고 불리는 아이돌 MD상품이 아이돌 산업의 미래이자 황금알을 낳는 거위로 크게 주목받고 있습니다.

최창현: 어느 정도의 지명도를 가지고 있는 음반 레이블과 아이돌 그룹의 경우 이제 음반 및 음원, 공연을 통해 수익을 창출하겠다는 곳은 전무하다고 해도 과언이 아닌 실정입니다. SM 엔터테인먼트의 2014년 사업 보고서에 따르면 SM의 MD 사업 수익은 약 290억 원으로 회사총 매출 2870억 원의 약 10%에 달하며, 이는 음반/음원 매출 수익455억 원에 비해 결코 적지 않은 비중이라는 것에 주목할 필요가 있습니다. 최근의 아이돌 MD 상품들은 '아이돌 상품'이라는 단어에서 쉽게연상되는 브로마이드나 포스터, 포토 카드, 부채 등과는 전혀 다른 차원의 것으로, '라바'나 '크렁크' 같은 캐릭터의 적극적인 활용은 물론

YG엔터테인먼트의 〈K팝 클러스터〉

SM엔터테인먼트의 〈아티움〉

다양한 브랜드, 아티스트와의 컬레버레이션도 활발히 이루어지고 있습니다. 최근에는 에코백, 비누 및 향초와 같은 생활용품까지 분야가 확장되고 있지요.

삼성동에 위치한 SM 엔터테인먼트의 〈아티움〉, YG엔터테인먼트
가 1,000억 원을 투자해 경기도 의정부에 건설하고 있다는 〈K팝 클
러스터〉는 이러한 굿즈 산업, 나아가서 케이팝 콘텐츠를 통한 관광산
업의 최종 진화형으로 자리 잡을 전망입니다. 2013년 1월 롯데 본점
영 플라자에 열었던 〈SM TOWN 팝업 스토어〉 임시 매장은 총 12일
간 6억 3천만 원이라는 기록적인 매출을 올리며 이러한 아이돌 산업
멀티화의 가능성을 보여주었습니다.

제 6장
현 사회상을 반영하는 한류

나한류: 유명한 노래, 드라마, 영화 등의 문화 콘텐츠는 그 시대의 사회상을 반영합니다. BTS의 인기곡들도 현재의 사회상을 담고 있겠지요?

최창현: 1964년 제작된 엄앵란과 신성일 주연 영화의 주제곡으로 만들어진 동백아가씨는 발표 당시의 기록적인 인기와 함께 금지곡으로 오랫동안 묶여 있었던 사연으로 더욱 유명해졌습니다. 영화 《동백아가씨》는 서울에서 내려온 대학생과 인연을 맺은 섬처녀가 버림받고 술집에서 일하게 된다는 통속적이고 신파적인 내용이지요. 동백아가씨라는 제목은 여주인공이 '동백빠아'에서 일하는 여급이 된 데서 유래되었습니다. 주제가 음반 뒷면에 첫 번째로 실린 이 노래의 가사는 '그리움에 지쳐서 울다 지칠 때까지' 연인을 기다리는 여성 화자의 깊은 한과 서글픈 마음을 토로하고 있지요.

동백아가씨 가사

헤일 수 없이 수많은 밤을	동백꽃잎에 새겨진 사연
내 가슴 도려내는 아픔에 겨워	말못할 그 사연을 가슴에 안고
얼마나 울었던가 동백아가씨	오늘도 기다리는 동백아가씨
그리움에 지쳐서 울다 지쳐서	가신님은 그 언제 그 어느날에
꽃잎은 빨갛게 멍이 들었오	외로운 동백꽃 찾아 오려나

당시 군사정부는 '그리움에 지쳐서 울다 지쳐서 꽃잎은 빨갛게 멍이 들었오.' 부분이 왜색이 짙다는 이유를 들어 금지곡으로 만들었지요.

나한류: 오! 재미있는데요. 70년대는요?

최창현: 70년대는 역사의 암흑기였습니다. 유신헌법은 그 어떤 자유도 용납하지 않았지요. 학자든 작가든 달리 선택의 길이 없었습니다. 찬성이냐, 침묵이냐! 이런 절망의 시대에 작가 조선작은 '영자의 전성시대'를 내놓았습니다. 영자를 통해 '밑바닥 인생'의 굴곡진 삶을 고발하려 했지요. 1975년 소설 '영자의 전성시대'는 결코 통속소설이 아닌 뛰어

난 사회소설로 근대화와 군사정
권에 찌든 여성상을 표현했다고
평가받습니다.

나한류: 요즈음 방탄소년단의 가사
는 어떤 사회상을 담고 있는지요?

최창현: 2013년부터 BTS는 청춘
의 아픔과 희망을 노래하기 시작
했습니다. '봄날'의 가사는 친구

를 위한 위로의 내용입니다. 또한 멤버 '슈가'는 자신의 경험담을 담았
다고 말했죠. 다른 한편으로 '봄날'은 "세월호" 메시지를 담은 듯 합니
다. 어두운 이 나라의 상황이 조금만 지나면 좋아질 거란 위로의 노래
같은 느낌을 주기도 합니다, 더 구체적으로는 취업난에 시달리고 있는
청춘들에게 조금만 참고 지내면 봄날이 올 거라는 희망의 메시지를 주
는 노래 가사로도 해석할 수도 있습니다. BTS 뿐만 아니라 많은
K-pop 가요들은 다양한 해석이 가능한 서정적인 가사와 춤으로 완벽
한 공연을 보여주고 있습니다.

나한류: BTS의 곡 'MIC Drop'의 가사는 어떻게 해석될 수 있을까요?

최창현: 당시 BTS 기획사의 방시혁 대표는 금수저의 후광을 타고 나지
않은 아이돌로서 설움이나 화에 대해 한번 얘기해 보면 어떨지 제의했
다고 합니다. 멤버 랩몬스터(RM)는 화가 없었기에 마음 가는대로 썼더
니 좋은 랩이 나왔다고 했지요. 또한 오바마 미국 전 대통령의 마이크

드롭 퍼포먼스에서 영감을 받아 작업을 했다고 하네요. 마이크 드롭 퍼포먼스란 공연이나 발언이 끝난 후 의도적으로 마이크를 떨어트려 대결에서의 승리나 행사가 성공적으로 이뤄졌음을 표현하는 제스처를 말합니다. 오바마 전 미국 대통령이 백악관 출입기자 연례 만찬 연설을 "오바마 아웃"이라는 말로 마친 뒤 마이크 드롭 퍼포먼스를 선보여 화제를 모은 바 있지요. 또한 "마이크 드롭 퍼포먼스는 '내 연설 끝내주지?'라는 의미를 담은 행위"라면서 'MIC Drop' 역시 '우리의 노래와 무대 끝내주지?'라는 뜻을 담고 있다고 합니다.

제7장
한류와 SNS(Social Network Service)의 활용

나한류: 트위터, 페이스북 등 요즘 많이 사용하는 Social Network Service(이하 SNS)를 이용한 한류팬들의 활동이 활발하게 나타나고 있습니다.

최창현: 네, 그렇습니다. SNS는 사용자 간의 자유로운 의사소통과 정보 공유, 그리고 인맥 확대 등을 통해 사회적 관계를 생성하고 강화시켜주는 온라인 플랫폼을 의미합니다. SNS에서 가장 중요한 부분은 이 서비스를 통해 사회적 관계망을 생성, 유지, 강화, 확장시켜 나간다는 점이지요. 이러한 관계망을 통해 정보가 공유되고 유통될 때 더욱 의미있어질 수 있습니다. 오늘날 대부분의 SNS는 웹 기반의 서비스이며, 웹 이외에도 전자 우편이나 인스턴트 메신저를 통해 사용자들끼리 서로 연락할 수 있는 수단을 제공하고 있습니다. SNS는 소셜 미디어와

동일한 개념으로 오용되는 경우가 많으나, 범주상 블로그, 위키, UCC, 마이크로 블로그 등과 함께 소셜 미디어의 한 유형으로서 보는 것이 타당합니다.

나한류: 스마트폰 이용자의 증가와 무선인터넷 서비스의 확장과 더불어 SNS의 이용자 또한 급증하고 있습니다. 앞으로도 SNS 이용자는 지속적으로 늘어날 것으로 전망되며, 이를 이용한 다양한 네트워크가 형성될 것 같아요.

최창현: 최근 무선 네트워크와 이동통신 네트워크를 통해 모바일 디바이스를 이용한 많은 서비스가 빠르게 성장하고 있습니다. 페이스북, 트위터와 같은 SNS가 폭발적인 성장세를 기록하며 소비자들 사이에서 인기를 누리고 있는 것이지요. 소비자들은 기존의 사회적 네트워크를 유지하거나 새로운 네트워크를 형성하는데 페이스북이나 트위터와 같은 SNS에서 적극적으로 활용하고 있습니다.

대한민국 내 SNS 시장을 주도하고 있는 페이스북(Facebook)과 트위터(Twitter) 이용자 수는 이미 2011년에 1천만 명을 돌파했으며, 그 지속적인 증가 추세는 당분간 멈추지 않을 것으로 예상됩니다. SNS는 광범위하고 동시에 특정 성향의 집단으로 분류될 수 있는 서비스 이용자들을 데이터베이스에 의해 파악하고 관리할 수 있다는 점에서 마케팅 활용가치가 날로 부상하고 있습니다. 이 같은 장점을 통해 기업 입장에서는 저비용으로 표적집단에게 효율적으로 도달할 수 있는 맞춤형(customized) 마케팅을 집행할 수 있지요. SNS 업체 또한 SNS 페이지상의 광고 스페이스 판매와 소셜게임이나 아이템 판매 등을 통해 강력한 수익모델을 구축해 나가고 있어 향후 SNS 시장은 계속 성장해 나갈 것으로 전망됩니다.

나한류: 한국의 유명 아이돌 그룹인 방탄소년단(이하 BTS)은 트위터나 유튜브 등 다양한 SNS을 적극 활용하여 그룹을 홍보했다고 들었습니다.

최창현: BTS는 SNS 등을 활용한 팬들과의 적극적인 소통이 성공 이유 중의 한 요인이라고 밝히고 있습니다. 노래와 춤 실력, 노력뿐만 아니라 SNS를 활용한 적극적인 팬들과의 소통도 중요하다고 생각한 것이지요. 멤버들은 휴대전화 카메라로 소소하게 찍은 멤버들의 일상 동영상을 수시로, 실시간으로 유튜브에 업로드하고 트위터로 공유했습니다. 이는 '방탄밤'이라 불리는 자체 제작 콘텐츠로 팬들에게 많은 인기를 얻었습니다. 화보 촬영이나 방송 출연 대기실 현장에서 짧게는 몇 초에서 몇십 분까지 다양한 영상을 찍어 멤버들의 일거수일투족을 실시간으로 알리는 등 SNS 활동에 적극적으로 참여했습니다. SNS로 짧은 일상을 반복적으로 노출시키는 한편, 음악으로는 긴 호흡으로 팬덤의 호기심을 계속 자극한 것이지요.

나한류: 그렇다면 BTS의 팬들 중 특히 어느 국가의 팬클럽 SNS 활동이 활발한가요?

최창현: BTS는 SNS에서 필리핀 팬들의 절대적 지지를 받고 있는 것으로 나타났습니다. 영어를 공용어로 쓰는 필리핀인들이 올린 게시물이 방탄소년단의 전 세계적 인기 확장을 뒷받침했다는 분석입니다. 소셜 미디어 전문 통계사이트인 소셜 베이커스에 따르면, 방탄소년단 공식 페이스북 페이지에 '좋아요'를 누른 513만여 명(국적이 파악되는 사용자 기

준) 중 124만 787명은 필리핀에서 페이지를 구독하고 있었습니다. 이는 전체의 24.17%에 해당하는 수치로 2위인 베트남(8.29%)의 약 3배에 달하는 결과입니다. 이 페이지는 방탄소년단 소속사 빅히트엔터테인먼트가 직접 운영하며 앨범 발매 정보, 공식 동영상·이미지 등을 업로드하고 있습니다.

제 8장
한류의 방향

나한류: 일부 외국인들은 한국 드라마나 K-pop이 비슷비슷하고 지나
치게 상업적이라서 식상하다는 평가를 하기도 합니다. 한류의 현재 상
황을 냉정하게 바라보고 인기를 지속적으로 유지하기 위한 방안을 끊
임없이 고민해야 할 것입니다.

최창현: 한류의 인기를 지속하려면 무엇보다 콘텐츠의 향상에 힘써야
한다고 생각합니다. 홍콩의 사례를 예로 들어봅시다. 1980년대 홍콩영
화는 누구나 공감할 수 있는 의리와 형제애를 줄거리로 삼아 비장미
넘치는 아름다운 액션을 가미해 한국과 아시아는 물론 미국 할리우드
까지 사로잡았습니다. 그러나 1990년대 들어 홍콩영화 인기는 급작스
럽게 사그라졌지요. 소위 항류(港流)가 멈춰버린 이유는 무엇일까요? 항
류의 추락은 그 '본색'이 퇴조했기 때문입니다. 처음에는 누구나 공감

할만한 그럴듯한 스토리로 세계를 유혹했지만 같은 느낌과 비슷한 스토리의 아류작들이 이어지면서 흥미를 떨어뜨렸기 때문이지요. 한류도 마찬가지입니다. 자만하고 계속해서 좋은 상품을 개발하지 않으면 소비자는 외면하게 됩니다.

나한류: 그렇다면 한류 콘텐츠의 질을 향상시키기 위해서 우리는 어떠한 노력을 해야 할까요?

최창현: 먼저 잘 준비된 아티스트가 좋은 콘텐츠로 나타나는 것이 가장 중요합니다. 또한, 단기적인 해외 진출이 아닌 시스템 단계에서부터 인력, 기획, 자본이 결합된 준비를 하는 것도 중요한 부분입니다. 단기적인 성공이나 수익창출에 안주하며 콘텐츠 자체에 대한 고민 없이 양산해내는 것은 가장 경계해야 할 부분이지요.

한류는 상품이 아니라 문화이기 때문에 향유자에 의해 자연스럽게 선택되어야 지속성을 확보할 수 있습니다. 인위성을 가미한 문화는 거부감이 생기며 정서적 침략으로 해석될 수 있습니다. 한류의 인기가 밑에서부터 자연스럽게 파급되었듯이 국가주도보다는 민간 위주의 방식이 바람직하다고 할 수 있지요. 즉, 정부는 민간에서 하지 못하는 인프라구축과 관련법 정비, 상대국과의 문화교류 등 지원책에 중점을 두어야 합니다.

나한류: 유무선 인터넷 네트워크 확대와 스마트폰 확산으로 웹콘텐츠의 시장규모가 급속하게 성장하고 있습니다.

최창현: '웹콘텐츠'는 디지털 콘텐츠 형태이면서 웹(온라인)을 통해 출시

/유통/판매가 가능하고(공급자 측면) 다양한 인터넷 접속기기를 통해 디지털 콘텐츠로 구매/소비/공유할 수 있는 콘텐츠(수요자 측면)를 의미합니다. 이러한 기준으로 2015년 E&M 보고서에서 제시하고 있는 웹콘텐츠는 다음과 같습니다.

- 출판: 전문가용 전자책(ebook), 교육용 전자책(ebook)
- B2B: 산업용 디지털 매거진(Trade Magazine)
- 매거진: 컨슈머용 디지털 매거진, 산업용 디지털 매거진
- 영화: OTT/Streaming
- 음악: 디지털 음원(다운로드, 스트리밍 모두 포함)
- 신문: 디지털 신문
- 비디오게임: 소셜/캐주얼(앱+브라우저 포함) 게임, 디지털 콘솔게임, 온라인/소액결제 콘솔게임, PC게임, 온라인/소액결제 PC 게임

2014년을 기준으로 전 세계 E&M 시장에서 웹콘텐츠의 시장 규모는 841.2억 달러 규모이며 2019년까지 10.9%의 견실한 성장을 이어갈 것으로 전망됩니다. 전 세계 E&M 시장은 2014년 1조 7,400억 달러에서 2019년 2조 2,300억 달러로 연평균 5.1% 성장할 것으로 전망되는 가운데, 웹콘텐츠는 2배 이상 성장을 기록할 것으로 예상됩니다. 특히 전자책과 디지털 매거진, 디지털 신문 등이 출판/매거진/신문 시장의 급속한 침체 혹은 하락하는 추세를 방어하는 역할을 하고 있지요.

2019년에는 전 세계 인구의 58.5%가 모바일 인터넷 이용자가 될 것으로 예상되는 가운데, 웹콘텐츠 이용 행태 역시 모바일이 중심이 될 것으로 전망되고 있습니다. 신문 산업을 예로 들면, 향후 디지털 신문을 구독하는 독자의 40~60%는 스마트폰과 태블릿을 통해 유입

될 것으로 예측합니다. 영화 산업에서는 다수의 국가에서 영화, 드라마 등 프리미엄 동영상 시청의 메인 디바이스가 스마트폰이 될 것으로 전망합니다. 해외 주요 방송사들은 모바일 디바이스에서 시청 가능한 OTT 서비스를 출시하며, 이와 같은 미디어 이용행태 변화에 대응하고 있습니다. 이같은 변화에 뒤처지지 않기 위해서, 소형 스크린 최적화 등, 모바일 기기에 최적화된 콘텐츠를 개발해야 할 것입니다.

제 9장
한류 정책

한류가 타 문화권에서도 지속적으로 성장하고 더욱 활성화 되기 위해서는 한국적 가치를 지니면서도 보편적인 공감을 불러일으킬 수 있는 콘텐츠의 발굴과 음악전문기업과 정부의 네트워크 강화를 통해 국외 시장별 특성에 적합한 정책적 지원 방안이 필요하다.

1. 문화원 활동 강화

한류의 확산으로 해외 각국에서 문화원에 대한 수요가 폭발적으로 증가하였지만, 현재 문화원들만으로는 이를 모두 수용하기에는 역부족이므로 한류 지원을 위한 전문적인 시스템 구축이 필요하다. 이는 문화원 본부의 기능으로써, 해외 각국의 페스티벌과 행사 등에 한류 문화 프로그램을 기획하고 공급하는 전문시스템 구축이 필요한데 문화원에서 각국의 한류 현황 및 확산 정도, 수용자 태도 등을 파악하고 현지 페스티벌을 사전에 분석하여 규모, 테마, 국가, 청중수준 등을 고려한 프로그램 포트폴리오를 구성하고, 각 행사에 최적화된 문화 예술지킴이를 선정하여 파견할 수 있도록 해야 한다. 이것은 총괄적인 매니지먼트를 통하여 문화프로그램의 전문성을 높이고 수준 높은 프로그램을 적절히 공급함으로써, 문화원은 한류 문화 확산의 본부가 될 것이다.

2. 전문 기획사의 육성

한류 전략과 국가 브랜드 연계방안을 마련하기 위해서는 전문적이 연구기관에서 연구가 수행될 필요가 있는데 문화부 정책 연구기관인 한국문화관광연구원에 한류연구팀을 신설하여 한류정책 수립의 기본 자료로 활용할 수 있는 연구들을 수행할 수 있도록 해야 한다. 일본의 경우 외국에서 페스티벌이 있을 경우 일본문화를 소개하는 전문 기획사가 있어서 각국의 페스티벌을 사전에 분석하여 국가, 규모, 테마와 청중들의 수준까지 고려한 프로그램 포트폴리오를 구성하여 그 행사에 가장 적합한 문화 예술팀을 선정, 파견하여 극대의 효과를 추구하고 있다.

3. 콘텐츠의 온라인화

애플의 아이튠즈와 아마존닷컴을 통한 디지털 음원 판매가 해외 음원 유통망의 가장 큰 핵심시장이다.
- 디지털 비디오 다운로드 시장, DVD 대여 시장, 영화 및 TV프로그램 판매 시장 등의 성장으로 인터넷을 통한 문화콘텐츠 서비스 증가
- 유튜브의 스트리밍 서비스 중 광고 삽입 등 온라인 광고 시장 지원

─한류 확대에 따라 코리아 디스카운트를 코리아 프리미엄으로
모드 전환

4. 한류와 정부/기업 간 협업 플랫폼 구축

한류 효과를 국가 브랜드 구축 및 기업체 수출로 확산시키기 위
해서는 에코시스템 수준의 공동 마케팅 전략이 필요하다. 특히 한류
스타들의 활동과 기업의 마케팅 등이 연계될 수 있도록 다양한 관계
자들의 협력을 도모하는 협업 플랫폼 구축이 시급하다.

5. 푸쉬 전략 추진을 위한 지원방안

정부의 적극적 한류 지원은 프로파간다로 오인 받을 소지가 있어
정부를 중심으로 기업과 문화산업이 연계하여 진출하는 방안 마련이
필요하다. 문화산업 인프라 구축, 문화 다양성을 위한 비인기 문화에
대한 관심, 해외 문화를 수용하기 위한 교류 산업으로 한류 합동 공
연이 비즈니스 모델로 정착하여 수익을 내고 있는 일본이 아니라, 기
획사의 독자적인 시장 개척이 어렵고 수익구조가 불안정한 중남미 등
의 신 시장에서 이루어진다면, 한류의 부흥과 함께 새로운 수익 시장
의 확보가 가능해질 것이기 때문이다.

6. K-pop 주도업체의 대형화와 다양화

먼저 K-pop 주도업체의 대형화와 상품의 다양화가 필요한데 이
는 K-pop의 해외진출 초기단계에 비해 선두 기획사들의 외형이 큰
성장을 이루었음에도 불구하고, 글로벌 시장에서 안정적인 성장을 구
가할만한 수준은 아니기 때문이다. 공급의 안정성 측면에서 보면, 소
수정예의 뮤지션들만으로는 안정적인 수익기반이 되지 못하므로 지속

적인 소속 뮤지션들의 폭이 대폭 확장될 필요가 있다.

둘째, 선도적 음악기업들의 총 수입에서 해외 수입이 차지하는 비중이 상당히 높아 K－pop의 해외진출 확대는 필수적이지만 이미 해외 주요시장에서는 K－pop스타를 모방한 유사 상품들이 범람하고 있다. 국내시장에서의 수익과 경쟁 또한 여전히 높은 수준이므로 결국 K－pop 제품의 품질 향상과 다양성 및 혁신성을 무기로 하여 지속적인 공급과 새로운 장르 창출 등으로 수요기반을 국내·외로 확대해야 한다.

셋째, K－pop 기업의 가치사슬 확장으로 현재까지의 K－pop 발전은 그 자체의 혁신성에만 의존해왔으나 서서히 그 한계를 보이고 있다. K－pop의 효과를 활용할 수 있는 분야로 가치사슬을 확대함으로써 범위의 경제를 달성하고 패션, 외식, 여행업들의 지속적인 성장을 꾀할 필요가 있다.

7. 산업화 능력의 보완

1) 음악펀드 조성을 통한 투자

음악산업 투자펀드를 조성해 뮤지션 양성을 프로젝트 상품화, 투자의 대상으로 만드는 방안이 있는데 국내에서는 이미 영화, 게임, 뮤지컬 등 다양한 콘텐츠 분야에서 펀드투자가 활성화되고 있다. 이를 뮤지션으로 확대할 필요가 있고 영화산업이 국내시장에서 당당하게 할리우드 영화와 경쟁할 수 있게 된 배경은 투자의 위험이 낮아지는 반면 흥행 성공에 따른 인센티브가 제작자에게 주어짐으로써 경쟁력 있는 작품의 지속적인 생산이 가능해지기 때문이다.

2) 음악산업에서 다양한 규모의 공연장 같은 인프라 구축

국내에서 음악시장은 짧은 기간에 성장한 탓에, 다양한 규모의 전

문화된 공연장이 부족하다. 음악공연장의 이상적인 형태는 뉴욕의 브로드웨이나 런던의 피카데리로 볼 수 있는데 현재 국내 기업의 외형이나 보유 뮤지션의 수에 있어서 자체적으로 전용 공연장을 운영할 수 있는 K-pop 업체는 극히 제한적이라서 오픈된 시장을 형성하기 쉽지 않다. 그러나 뮤지컬 극장처럼 K-pop 기업들이 전용 공연장을 보유하고 그 극장들이 집적된 곳을 조성하게 된다면 정책적으로 K-pop 상설 공연이 가능한 다양한 규모의 공연장을 확충하여 공연시장 활성화를 촉진할 필요가 있다.

  3) 음악상품의 지속적 성장을 위한 저변 확대 사업

  현재 K-pop은 주로 아이돌 그룹에 의존하는 한계를 지니고 있기에 음악산업에 있어서 메가 히트상품은 일시에 많은 수익을 창출할 수 있으나 후속상품이 나오지 않을 경우 기존의 기반 자체가 사라질 수 있다. 이를 위해서는 기획사 중심의 연습생 양성을 보완하기 위한 기초단계의 대중음악 교육시스템을 강화하고, 1인 창작자를 위한 공용스튜디오의 설치 등 지원책을 마련할 필요가 있다. 즉, 기존 K-pop 상품의 호감도가 낮아지는 현상을 보완할 수 있도록 다양한 음악장르의 상품화를 통해 한국 음악의 외연을 확대해 나갈 필요가 있고 특정한 장르에만 국한되지 않는, 경쟁력 있는 음악상품이 지속적으로 나올 수 있는 저변을 확보함으로써 소위 피라미드 구조의 공급사슬을 형성하는 것이 K-pop의 지속적인 성장에 도움이 될 것이다.

  4) 공정경쟁을 위한 제도개선

  다양한 방식으로 전달되는 음원가치 추정과 분배비율 등에 대한 합리적인 논거를 마련하여 음악산업의 창작자와 기획사 등 공급자에 대한 보호를 강화할 필요가 있다. 왜냐하면 우리나라의 음악 산업 시장에서는 음반보다 음원의 비중이 더 크고, 이 음원의 가격과 수익 배분에 대한 저작권자, 저작인접권의 불만은 적지 않지만 이에 대한 합리적인 결론을 얻기 또한 쉽지 않기 때문이다.

5) K 소비재 확대 방안

K 소비재 수출을 증대하기 위해 시장별, 기업별로 차별화된 해외 진출 방안 모색이 필요하다. K 소비재는 해외 소비자들의 한국문화에 대한 동경과 선호가 있는 상황에서 스토리텔링을 통해 소비자층의 감성을 자극하는 마케팅 전략 및 차별화된 SNS 홍보가 구사되어야 한다. 또한 의약품, 화장품, 식품 등 K 소비재에 대한 가치를 높이고 가공식품이나 의약품 등에 각국이 요구하는 비관세장벽을 해소해 줌으로써 글로벌 표준화 전략을 통한 세계 소비재 시장으로 진출하고 선진국에서의 인지도 향상을 목표로 할 수 있기 때문이다.

6) 업종별 광고 지원정책

다양한 업체들의 특성을 살려 네트워크를 구성하고 업종별 광고 지원을 해야 한다. 독일 외 국가들에서 주로 이용되는 협동조합광고 할인 정책 등을 참고하거나 유망중소기업들의 광고분량을 할애하여 방송 중 각 브랜드를 묶어 한 장면에서 간접 광고로 노출하는 방안도 있다.

8. 한류 산업별

1) 방송(TV 드라마)

한국 드라마에 대한 소비도가 높은 국가들로는 주로 아르헨티나, 태국, 말레시아, 인도네시아 등이 해당되며 한국방송 콘텐츠에 대한 접촉 경로를 확대하는 방안 모색이 필요하다.

2) 영화

한국 영화에 대한 호감도와 소비도가 높은 국가들로 주로 태국, 인도네시아, 우즈베키스탄 등이 있으며 극장 체인의 확대 등에 대한 방안 모색이 필요하다.

3) 음악

한국 음악에 대한 호감도와 점유율 모두가 높은 국가로 아르헨티나, 태국, 인도네시아, 미국, UAE가 있는데 이들 국가는 유튜브 등 동영상 사이트를 통한 전파의 효과가 크게 나타나므로 음원 판매를 통한 매출 확대보다는 공연 진출로를 확보하기 위한 노력이 필요하다.

문화력: 전통문화와 대중문화

    문화력은 '서로 다른 문화와 배경을 가진 사람과 문화적인 갈등 없이 어울리거나 배려하는 능력'이라고 할 수 있다. 문화지능은 문화 차이를 인지하고 그 차이에 적응할 줄 아는 능력으로, 문화를 차별이 아닌 차이의 문제로 인식할 뿐만 아니라 발견해 낼 줄 아는 능력, 그리고 그 차이를 바탕으로 창조적인 적응을 할 줄 아는 능력이다. 그래서 강제나 보상보다는 사람의 마음을 끄는 힘은 한 나라의 문화와 그 나라가 추구하는 국가 목표, 제반 정책 등의 '매력'에서 비롯된다. 조셉 나이는 협조와 설득을 가능케 하는 가치·문화·이념·설득력 등에 의해 이뤄질 수 있다고 주장한다.

    문화력은 국가와 국민이 갖는 매력이고, 국가의 브랜드 파워라고 한다. 이러한 문화력은 다른 사회 분야에 확산되고 발전에 기여하며, 문화의 인적·물적 자원이 창조적 국가성장의 중요한 동력으로 활용된다. 문화력의 영역은 학자들의 연구 견해에 따라 크게 달라질 수 있으나, 부르디 외(Bourdieu, 1984; Gans, 1974)의 연구에 의하면, 고급문화와 대중문화의 차이에 대한 인식에 기초를 두고 있다. 그의 이론을 한국 사회에 적용하고자 시도하는 현시점과 그의 연구가 진행되었던 시점 사이에는 무려 50년이라는 시대적 차이가 존재하며, 그동안 한국 사회는 급격한 변화를 겪어 왔다. 국민생활 및 교육 수준이 높아졌고, 교통과 대중매체가 발달하면서 과거 배타적이었던 고급문화에 대한 접근이 보다 용이해졌다. 특히 대중매체를 통해 생산되는 대중문화의 위상이 변화하였다.

이러한 일련의 변화들은 기존의 고급문화와 대중문화에 대한 이분법적 구분을 약화시켰고, 이러한 현상은 문화력 논의가 고급문화에 한정되지 않고 대중문화에 대한 연구를 포함하는 학문적 중요성을 가지면서, 소프트파워로서의 문화력이라는 중요한 개념으로 대두되고 있다.

문화력은 가시적인 것보다 비가시적인 부분에서 국가발전을 결정 짓는 주요변수이다. 이는 국가 역량을 발휘하는데 서로 적응하고, 공동작용하며, 상호 협력하여 국력의 상승효과를 제공할 수 있다

1. 한국 전통문화로서의 문화력

한국의 전통문화는 콘텐츠, 관광 등 관련 산업의 경제적 부가가치를 높일 뿐만 아니라 우리의 국가브랜드를 높이는 문화자원의 보고 (寶庫)이다.[1] 이는 콘텐츠 산업의 창조적 자원이자 친환경·녹색성장을 위한 산업자원으로서 전통문화의 재발견임에 틀림없다. 실제로『조선

---

1 Ministry of Culture, Sports and Tourism(2012.1). *Creative development strategies of traditional culture—the popularization and modernization and globalization.*

왕조실록』에 근거한 〈뿌리깊은 나무〉, 〈추노〉 등 콘텐츠 제작이 성공을 거두었고, 〈뉴욕데일리뉴스(NYDN)〉는 "한국음식 '김치'를 2012년에 가장 주목받을 음식"으로 선정하였다. 한국은 대중문화와 전통문화의 결합을 통해 한류 콘텐츠의 품격과 경쟁력을 높이고 지속가능한 한류확산의 토대를 마련하는 계기를 만들고 있다.

2000년 이후 드라마, K-pop 중심의 '한류' 붐은 확산되고 있으나, 전통문화에 대한 국내·외 인지도 향상과 발전은 지체되어 있는 상황이다. 이는 20세기 한반도에서 구한말, 해방직후, 냉전시대를 거치면서 양반과 지주계급의 몰락과 고급문화 전통의 소멸에도 불구하고, 건축과 의상 음식 등을 포함하는 예술 분야 등에서 전통문화의 명맥을 유지해오고 있다.

반면, 선진국은 창조문화로서 문화적·산업적 가치 고양과 새로운 문화가치 창출을 위해 많은 노력을 경주하고 있다. 영국은 2008년부터 문화유산을 핵심으로 한 '창조산업화 전략(Creative Britain Strategy)'을 수립하여 추진하고 있다.[2] 일본은 2011년 9월 '창조산업진흥전략'을 발표하고, 국가전략으로 추진하고 있다. 한국도 국가 브랜드 가치를 높이고 전통문화의 이미지를 제고하기 위한 창조문화 발전전략을 마련해 추진하고 있는 실정이다. 전통문화 진흥은 국가의 브랜드(정체성과 이미지)를 형성하는 핵심으로 국가의 지원은 선택이 아닌 당위의 문제이다. 이는 헌법 제9조 "국가는 전통문화의 계승·발전과 민족문화의 창달에 노력하여야 한다."고 명시하고 있다.

2011 전통문화산업 실태조사 결과에 따르면, 우리의 전통문화는 "고루하고 진부하다."는 편견이 존재한다. 전통문화에 대한 관심도는

---

2 Korea Culture & Content Agency(2013.11). Development and characteristics of the UK creative industries policy, KOOCA Focus, 2013-08(Vol 74).

낮지만 전통문화가 "한국의 정체성을 대표한다."는 점은 공감한다. 또한 미래 창조산업으로서 향후 발전가능성은 긍정적이지만, 한 국가의 매력 있는 문화력으로 어떻게 만들어 가야 하는지는 국가적 과제로 나타났다. 한국 문화의 특징으로는 '한복' 입은 사람의 연상이미지로 "아름답고 멋스럽다."는 것이며, 전통식품, 전통건축, 전통공예, 전통의류가 우리나라 정체성을 대표하는 문화라고 생각하고 있으며, 향후 발전가능성도 기대하고 있다. 특히, 국내 방문 및 거주 외국인의 한국 전통문화에 대한 호감도·관심도는 매우 높았다. 문화동반자사업에 참가한 외국 문화예술인들이 가장 좋아하는 한국문화로 고궁 등 전통문화를 선택(드라마 등 영상콘텐츠, 공연문화, 2011)하고 있다. 또한 '랭 가이드 한국판'에서 꼭 가봐야 할 곳으로 선정한 23곳은 대부분 경복궁, 북촌, 경주 양동마을과 같은 전통문화유산이라고 응답한다.3

전통문화 활용 기반 및 산업 간 융화 현황을 살펴보면, 문화원형, 전통문양의 디지털 콘텐츠 개발 및 데이터베이스 구축에 신기술을 활용하여 디지털 문화원형 콘텐츠를 개발하였다. 산업 간 융화에서도 정부는 데이터베이스 구축, 공모전 개최 및 시제품 제작, 디자인소스 무료개방 등 문화재, 고(古) 건축물 등에 내포되어 있는 우리 고유의 독창적이고 차별화된 문양을 추출하여 데이터베이스를 구축하고, 문화산업에 활용하고 있다.

이와 같이 전통과 현대가 접목된 새로운 영역 창조 사례가 증가하고 있으며, 전통문화자원을 활용한 상품 개발이 블루오션 시장이 되고 있다. 특히, 전통과 현대의 모습을 통해 한옥의 장점을 살리고 단점을 보완한 한옥 건축물이 확대되고, 이를 계기로 친환경문화 인

---

3 Ministry of Culture, Sports and Tourism(2010.11). *Survey Report of traditional and cultural industries—Basic research for comprehensive development plan.*

기가 상승하면서 한옥풍 인테리어 바람이 불어 왔다.[4] 또한 국민들의 여가시간 증대로 전통문화자원을 활용한 체험·관광이 활성화되고 있다. 전통문화 체험·관광의 주요 사례를 보면, 전통한옥 체험숙박 관광객(경북)이 증가하고, 템플스테이(전통문화체험) 참가자 수가 크게 성장하였다. 전통문화 관련 산업의 성장으로 전통문화산업 시장규모는 지속적으로 성장할 것으로 보인다. 의류·식품·건축 등 전체시장에서 전통문화산업이 차지하는 비중은 참살이, 웰빙 등 욕구증대로 점진적인 확대가 예상된다. 하지만, 전통문화의 산업 구조가 취약하고, 산업의 분화가 이루어지지 않아 제조·판매 결합형태가 많으며, 산업의 양극화·영세성이 중첩되는 '대형업체－소형업체 극단적 분포' 현상은 필요한 질과 양만큼 개발·생산하여 확보할 수 있는 역량을 갖추고 있지 못한다. 개인사업체 비율이 전통의류산업, 전통공예산업, 전통식품산업 등에서 높게 나타났다.

한국의 문화산업에서 뚜렷한 성장발전을 이룬 분야는 콘텐츠 산업 분야라고 할 수 있다. 콘텐츠 산업이 고부가가치 성장산업으로 각광 받으면서 세계 각국 및 주요기업들이 시장선점을 위한 지원 및 투자를 경쟁적으로 확대하고 있다. 우리나라 문화콘텐츠인 드라마, 음악 등이 국외에서 큰 인기를 얻으면서 생성된 한류 현상으로 한국 문화에 대한 관심이 높아져 한국제품의 이미지가 개선되고 관광객도 증가하는 추세에 있다. 콘텐츠 산업 수출은 금융위기에 따른 세계 경기 침체에도 불구하고 산업별 경쟁력 강화를 토대로 증가하였다.

2. 한국 대중문화로서의 문화력

한국의 문화산업에서 뚜렷한 성장발전 분야는 K－pop 등 대중문

---

4 조선일보(2011.9). http://biz.chosun.com/site/data/html_dir/2011/09/15/

화 분야라고 할 수 있다. 한류 성장발전을 살펴보면, 한류는 〈겨울연
가〉가 일본에서 주목받고 이른바 욘사마 신드롬까지 이어지는 데는
몇 년간의 시간이 걸렸다. 하지만, 제2의 한류를 이끌고 있는 K팝의
전파 속도는 거의 실시간이다. 이른바 소셜 네트워크라는 마법의 램
프는 K팝 스타들을 전 세계의 팬들과 직접 소통하게 해주고, 국내에
서 만들어지는 K팝의 뮤직비디오는 물론이고, 각종 쇼 프로그램의 동
영상까지 실시간으로 지구 구석구석까지 전달하고 있다. 사실 인터넷
을 통한 음원의 불법 복제로 인해서 음반시장 전체가 위기국면을 맞
았던 시기가 있었다. 이제는 유튜브(YouTube)나 페이스북(Facebook),
트위터(Twitter) 같은 소셜 네트워크 서비스가 전 세계로 확대되면서
그 길을 따라서 한류 콘텐츠가 거의 실시간으로 세계로 뻗어나가게
되었다.5

소셜 네트워크의 새로운 시장이 등장하면서 K팝의 시청 방식도
달라졌다. 콘텐츠가 좋다면 그것을 받아 줄 수 있는 통신망이 구축되
어 있기 때문에 이를 통해 세계 곳곳에서의 가능성을 미리 타진해 볼
수 있다. 이러한 시청 방식의 변화로 이른바 '해외 진출'로 대변되는
현지화 전략까지 바꿔 놓았다. 미국 진출을 선언하면서 미국시장을
뚫을 수 있는 유일한 길은 철저한 '미국화'여야 한다는 주장이었다.
비의 월드투어, 원더걸스의 미국 진출은 그 대표적인 사례이다. 하지
만, 최근 들어 이 주장은 K팝의 한류를 설명해 주지 못한다. 현재 K
팝에 대한 외국인들의 반응은 우리말로 된 노래 그 자체에 매료되는
경향이 있다. 심지어 미국에서는 한국의 가수들을 그대로 따라하는

5 YeonWoo, Lee, JeonGeun, Park, ICT and National Competitiveness: hard
power, soft power, and smart power strategy, IT Policy Research Series,
No. 24(2010.12), National Information Society Agency.

커버 그룹들도 많이 생겨나고 있는 실정이다.6 이들은 그들이 경연을 벌인 K팝의 춤과 노래를 다시 동영상으로 담아 유튜브 같은 곳에 다시 올림으로써 선순환 고리를 만들어내고 있다. 이들의 주장은 어설프게 한국가수가 미국가수들을 따라 하기보다는 한국가수 그대로의 개성적인 모습이 훨씬 좋다는 것이다. 달라진 환경 속에서 대중문화가 나아가야 할 방향도 모색되고 있다.

이렇게 K팝의 정체성을 가지면서도 세계적으로 움직이는 신한류에서 이제 국적개념은 그다지 중요한 것이 되지 않는다. 대신 중요해진 것은 신한류로 대변되는 그 문화의 차별성이다. 일본의 아무로 나미에의 앨범에 애프터스쿨이 참여한 것은 폭발적인 K팝의 분위기와 더불어 국경을 넘는 합작이 향후 더 많아질 것임을 예견한다. 이러한 현상이 가장 극명하게 보여주는 것은 탈국적성이다. 필리핀에서 활동한 교포가수였던 2NE1의 산다라 박, 미국 국적으로 2PM 멤버였던 박재범 등 해외교포들의 영입은 물론이고, 이제는 아예 외국인 멤버를 적극적으로 영입하고 있는데 그 대표적인 인물이 닉쿤이다. 여성그룹으로서 에프엑스[f(x)]의 빅토리아와 엠버, 미쓰에이(miss A)의 지아와 페이 같은 중국계 멤버들도 늘고 있다. 물론, K팝이 가진 가장 큰 영향력은 한류로서의 문화전파이지만, 실질적인 의미로서의 산업적 효과를 무시할 수 없다. 최근 소녀시대가 인텔의 아시아권 모델로 발탁된 것은 그런 점에서 의미가 있다 할 것이다. 그것은 다국적 기업들이 우리나라 K팝 등 한류가 가진 세계 규모의 경제적 가치를 실질적으로 인정했다는 의미이다. 신한류 K팝은 지금 음악에서 문화로 문화에서 산업으로 그 지형도를 넓히고 바꿔가고 있다. 그리고 이런 K팝의 변화는 달라진 매체와 그로 인한 문화의 변화라는 점에서 산

---

6 New culture marketing of K-pop, www.thekian.net 2011.4.5.

업에 시사하는 바가 크다.

한국의 영화산업도 성장일로에 있다. 한국 영화는 그 동안 꾸준히 글로벌 시장의 문을 두드리며 한국 문화의 콘텐츠를 세계에 알려왔다. 한국이 선보인 영화, 방송 등 다양한 콘텐츠들이 해외무대에서 큰 성과를 거두며 세계적인 문화로 본격적인 발판을 마련했다. 한국에서 개봉해 천만 명 이상의 관람객을 끌어 모은 〈명량〉, 〈설국열차〉는 각본부터 연출, 제작, 투자/배급까지 영화의 핵심 엔진이 모두 한국에서 시작되었으며, 전 세계 관객들을 겨냥해 만들어진 세계적인 작품이다. 하이라이트 영상만으로 해외 167개국에 선판매되며 역대 한국 영화로는 가장 많은 국가에, 가장 많은 수출액을 기록한 영화로 기록되었다.

2013년 이후 한국 영화는 세계 영화시장에서 괄목할만한 성과를 나타내고 있다. 예를 들어, 〈설국열차〉는 프랑스에서 큰 관심을 받아 관객이 모이면서 인도네시아, 대만, 베트남, 홍콩, 태국 등에서의 개봉으로 이어졌고, 곧 일본, 북미 등이 개봉 국가 대열에 합류할 것이다.

뮤지컬 부문에서도 괄목할 만한 성과들이 있었다. 브로드웨이 뮤지컬로서는 이례적으로 기획 단계부터 한국기업이 공동프로듀서로 참여해 뮤지컬 〈킹키부츠(Kinky Boots)〉를 제작하는 단계에 이르고 있다.

3. 한류열풍의 문화력

한류는 코리안 웨이브(Korean Wave), 코리안 피버(Korean Fever), 코리안 인베이젼(Korean Invasion)의 뜻으로 한국 대중문화가 주로 아시아를 중심으로 외국에서 대중적 인기를 얻게 되는 것을 총칭한다. 한류열풍이란 한국 문화에 대한 선호현상을 포괄적으로 나타내는 용어다. 1996년 중국으로 수출된 한국 드라마가 인기를 얻으면서 중국 언론이 붙인 용어인 '한류'에 '열풍'이란 단어가 더해져 하나의 사회현상을 표현하는 신조어로 부상했다. 이 용어가 확대된 대표적 사례로 2002년에 일본 NHK에 방영된 한국 드라마 〈겨울연가〉를 들 수 있다. 그 이전인 1992년 한중 수교 후 한국 대중문화에 관한 '열풍'은 중국대륙에서 믿을 수 없을 정도로 급속히 확산되어 새로운 대중문화의 조류, 즉 '한류'가 형성되었다.

한류 장르별 유형으로는 크게 드라마, 대중가요, 영화, 온라인게임, 연예인과 같이 다섯 가지로 나눌 수가 있다. 드라마의 경우, 중국으로 먼저 진출한 〈질투〉 및 〈사랑이 뭐길래〉 이후 한류열풍을 가져다 준 드라마 〈별은 내 가슴에〉에 이어 〈가을동화〉, 〈겨울연가〉, 〈다모〉, 〈명성황후〉, 〈인생은 아름다워〉, 〈대장금〉 등이 있다. 대중가요의 경우, 1998년 〈행복〉 음반의 중국 판매를 시작으로 〈별은 내 가슴에〉는 중국에서 인기가 폭발적이었다. 엔알지(NRG), 클론, 베이비복스, SES, 이정현, GOD 등 댄스그룹과 가수들이 중국으로 진출하여, 공연 및 음반발매 등 활동을 시작했다. 영화의 경우, 홍콩에서 〈엽기적인 그녀〉가 먼저 상영되면서 중국 대륙으로 진출하였다. 그 밖에도 〈클래식〉, 〈우리 형〉, 〈쉬리〉, 〈실미도〉, 〈태극기 휘날리며〉, 〈왕의 남자〉 등이 한류열풍에 그 뒤를 이었다.

2011년 초 온라인게임의 경우, 〈오디션〉, 〈크로스파이어〉, 〈문도〉, 〈삼국살온라인〉, 〈카트라이더〉, 〈기범삼국쟁패〉 등이 순위에 올랐으며 관심도에 따라 액션게임, MMORPG, 실시간전략게임, FPS 게임, 캐주얼게임, 전략 시뮬레이션 게임 등이 순위에 올랐다.

연예인의 경우, 가수 HOT가 한류라는 유행의 선두로 시작하여 동방신기, 슈퍼주니어, 소녀시대 등이 있으며, 탤런트로는 안재욱, 송혜교, 원빈, 송승헌, 배용준과 최지우 등이 있다.

　　그동안 우리의 대중가요는 지속적인 경쟁력을 가지면서 일본, 미국, 유럽 등 해외에서 인기를 얻고 있다. 요즘 젊은이들은 팝송이나 외국노래를 듣기보다 대중가요를 주로 듣는다. 점차 젊은이들의 감성에 우리의 음악이 부응하고 있는 것이다. 이러한 현상은 우리의 K-pop이 세계 음악시장에서 충분한 경쟁력을 가지고 음악 산업이 하나의 수출상품으로 성장할 수 있는 계기가 되고 있다.

　　정보통신기술이 발전하면서 그동안 시장을 주도하던 음반산업은 퇴조하고 디지털 음악시장이 이끌어가는 추세를 보이고 있으며, 이는 콘텐츠 산업으로서 디지털음악과 더불어 K-pop의 확산에 긍정적 요인으로 작용하고 있다.

　　1990년대 이후 한국의 대중음악시장은 음반산업, 방송매체, 매니지먼트 산업 등의 규모와 함께 팽창하기 시작하였다(김영아, 2008: 160). 2007년 기획사에서는 한류 열풍과 함께 소속 가수들의 해외 진출을 활발히 장려하며, 이수만과 박진영이라는 프로듀서 겸 제작자를 중심으로 기획성 가수를 배출하였다. 1999년 중국에서 시작된 한류는 2000년 초까지는 한류1기로서 한류 콘텐츠가 해외 소비자들에게 강한 인상을 주었던 시기로 평가되며, 2000년 초기부터 2000년대 중반은 한류2기로서 한류 드라마가 크게 부각되었고, 한류3기로 지칭되는 2000년대 후반부터는 중국, 일본, 대만, 동남아시아, 중앙아시아, 아프리카, 미국, 유럽 등에서 대중음악(K-pop)이 한류를 주도하고 있다(KCCCA 포커스, 2011).

　　그동안 문화콘텐츠 산업의 육성 및 발전방안에 관한 분야를 중심으로 연구가 진행되어 왔다. 하지만, 한류의 세계화 및 성공요인, 그리고 한류 대중문화 상품을 통한 국가이미지 인식제고를 위한 연구에 국한되는 면들이 많다. 최근에 들어 인문학적 접근을 통한 한류현상을 파악하려는 노력들이 시도되고 있으며, 점차 사회학, 철학, 언어문학 등의 인접영역으로 확장하여 심도있게 다루기 시작했다. 아직 한국 음악산업에 대한 선행연구는 미진한 수준이지만, 2009년 K-pop 활성화로 인해 해외진출 사례와 국내·외 비교연구가 점차 진행되고 있다.

K-pop의 발전을 위해서 우리는 무엇을 할 수 있을까? 첨단 IT의 보급으로 세계인들은 정보를 빠르게 공유할 수 있게 되었고 지구촌의 글로벌화를 이끌었다. 그로 인해, 서로 소통하는 글로벌 D세대, 소셜 네트워크 서비스(SNS) 등이 생겨났다. 세계인들이 서로 공감대를 형성하고 공유하면서 인터넷을 통해 지구 곳곳에 순식간에 K-pop이 전파되었고 마치 나비효과처럼 한국의 K-pop은 급속한 성장을 하고 놀라울 정도의 영향력을 가지게 되었다.

하지만, 세계적 열풍을 가져온 K-pop은 쉽게 사라질 수도 있다. 앞으로 K-pop을 지속시키고 더 성장시킬 수 있는 방법은 유튜브를 활용하여 대안을 모색할 수도 있고, 구체적인 시스템을 만들어 발전시키는 방향도 있다. 또한 정부에서 기업이 콘텐츠를 만드는 데 전폭적인 지원을 하는 것일 수도 있고, 개인은 K-POP에 대한 자부심과 지지뿐만 아니라 불법 다운로드를 근절하는 데 동참하는 것일 수도 있다. K-pop을 지속적으로 성장 시켜 국가의 브랜드로 자리매김하기 위해서는 정부, 기업, 개인, 즉 국민 모두가 계획을 세우고 실천해야 한다고 본다.[7]

---

7 최창현·박정배·김종근(2014). K-pop 확산 및 지원정책 방안, 2014 한국디지털정책학회 추계학술대회 논문집.

참고문헌

김성수(2010). 글로컬적 관점에서 본 한휴에 대한 재평가. 「인문콘텐츠」, 18.

김성환(2007). 오래된 한류, 한류의 미래: 어디든 내리는 비와 한류의 문화사적 재현성. 「동양사회사상」, 15.

김영아(2008). 1990년대 이후 한국 대중음악계의 변화에 관한 연구. 「인문콘텐츠」, 12.

김영평(1993). 우리나라 정책결정 체계의 개혁. 「한국정책학회보」, 2: 27 – 45.

김영평(1996). 정보화 사회와 정부구조의 변화. 「사회과학의 새로운 지평」, 27 – 55.

김윤호·송학현(2005). IT혁신과 한류열풍의 연계방안. 「한국정보기술학회 하계학술대회 논문집」.

김지연, "K – 뷰티열풍의 지속 가능성 점검 및 시사점" 2017. 03, IBK 경제연구소.

김명중, "방송콘텐츠와 제조업 동반진출방안연구", 2016. 12, 호남대학교 산학협력단.

김희연(2008). MTV JAPAN를 통해 살펴본 일본음악 산업의 변화. 「문화예술경영」.

권상우(2007). 한류의 정체성과 풍류정신. 「동서철학연구」, 43.

노화준(1998a). 카오스이론이 정책연구에 주는 시사점 분석. 「행정논총」, 36(1): 1 – 23.

_____(1998b). 한국 행정문화의 진화에 대한 복잡성 과학적 해석. 「한국

행정학보」. 32(4): 137－156.

박성훈(2008). 음반산업을 둘러싼 이익집단 갈등에 관한 연구.「한국거버넌 스학회 학술대회 논문집」.

박장순·변동현(2010). 한류의 신화구조와 문화 이데올로기.「한국디자인포 럼」, 27.

박장순(2011).「한류의 흥행 유전자 밈」. 서울: 북북서.

사득환(2002). 정책연구의 패러다임 전환과 적응모형.「한국행정논집」. 14(1): 85－102.

_____(2003). 불확실성, 혼돈 그리고 환경정책.「한국정책학회보」. 12(1): 223－248.

손대현(2007). 한국 엔터테인먼트 산업과 한류분석.「관광레저연구」, 19(2).

송도영(2007). 한국 대중문화의 혼성적 형성과정과 한류문화 담론. 담론 201, 9(4).

오한승(2009). SWOT분석을 통한 한국 디지털 음악산업에 관한 연구.「한 국인터넷방송통신TV학회지」, 9(6).

유현석(2005). 온라인 음악과 오프라인 음반의 산업적 특성에 관한 연구. 「커뮤니케이션학연구」, 13(4).

윤동진(2003). 한국 음악산업의 국제화 방안에 관한 소고.「국제경영리뷰」, 7(1).

이규현(2006). 한류의 확산과 저항.「한국마케팅과학회 학술대회 발표논 문집」.

이병혁(2004). 중국에서의 한류 열풍에 대한 사회학적 해석.「한국언어문학」, 1(2).

이수안(2007). 문화의 세계화와 한류 문화산업의 글로벌 경쟁력: 비언어 공 연을 중심으로.「한독사회과학논총」, 17(3).

이원범(2009). 일본 한류의 인문학적 이해.「일본근대학연구」, 26.

전종근, "2015 한류의 경제적 효과에 관한 연구", 2016. 03, 한국문화산업

교류재단/KOTRA.

심혜정, "K 소비재로 수출 활로를 뚫자", TRADE BRIEF No. 25, 2016. 08.24. KOTRA.

장규수(2009). 한국 대중음악의 해외진출 사례와 전략연구.

채지영, "신한류 발전을 위한 정책방안 연구", 2011.06, 한국문화관광연구원.

최보현·박지혜, "K-pop의 경쟁력 강화를 위한 정책방안", 2015.06, KiET 산업연구원.

최우영(2007). 한국사회의 근대해석과 대중문화 지형의 변화: 한류를 계기로. 「담론 201」, 9(4).

최성두(1996). 「통제불가능성과 정책의 설계」. 고려대학교 대학원 박사학위논문.

_____(2000). 카오스 행정론의 유용성 평가. 「한국행정논집」, 12(4): 595-607.

최창현(2005). 「복잡계로 바라본 조직관리」, 서울: 삼성경제연구소.

_____(2006). 「복잡계와 행정조직, in 복잡계 워크샵 - 복잡계이론의 사회과학적 적용」, 복잡계 네트워크, 삼성경제연구소.

_____ 역(1996), 「카오스 경영」, 서울 : 한언.

_____(1994). 조직구조와 혁신의 관계에 대한 연구, 「한국행정학보」, 제28권 2호.

_____(1995). 「조직사회학」, 서울: 학문사.

_____(1997). Chaos 이론과 조직혁신, 「성곡학술논총」, 제28권 2집.

_____(2008). 복잡계이론(Complexity Theory)과 행정", 「kapa@포럼」, 한국행정학회 편.

_____(1997). 카오스이론과 조직관리. 삼성경제연구소 (편). 「복잡성 과학의 이해와 적용」, 190-227. 서울: 21세기 북스.

_____(1999). 복잡성이론의 조직관리적 적용가능성 탐색. 「한국행정학보」, 33(4): 19-38.

_____(2005). 「복잡계로 바라본 조직관리」. 서울: 삼성경제연구소.

최창현·유승동(1997), "혼돈이론에 기초한 조직혁신 모형", 한국인사조직
학회 편, 「한국 조직의 변화와 혁신」.
한국콘텐츠진흥원(2011). 「KOCCA포커스」.

Anderson, P. (1999). Complexity Theory and Organization Science.
Organization Science, 10(3): 216−232.

Casti, John. (1994). Complexification: Explaining a Paradoxical World
Through the Science of Surprise. HarperCollins. New York.

Elliott, Euel. & Kiel, Douglas. (1997). Nonlinear Dynamics,
Complexity, and Public Policy: Use, Misuse, and Applicability.
In Eve, A. Raymond, Sara Horsfall, & Mary E. Lee., Chaos,
Complexity, And Sociology: Myths, Models and Theories.
London: Sage Publications.

Garcia, E. Andres. (1997). "The Use of Complex Adaptive Systems in
Organizational Studies". 최창현 (역). "조직연구에 있어서의 복잡적
응시스템의 활용". 삼성경제연구소(편). 〈복잡성과학의 이해와 적용〉.
134−165. 서울: 21세기 북스.

Gell−Mann, M. (1995). The Quark and the Jaguar: Adventures in the
Simple and Complex. New York: Owl Books.

Gleick, James. (1987). 박배식·성하운(역). (2006). 〈카오스: 현대과학의
대혁명〉. 서울: 누림book. Chaos: Making A New Science. New
York: Penguin Books.

Kauffman, S. A. (1995). At Home in the Universe. Oxford University
Press.

Kiel, L. Douglas. (1994). Managing Chaos and Complexity in
Government: A New Paradigm for Managing Change,
Innovation, and Organizational Renewal. San Francisco:
Jossey−Bass Publishers.

Meadows, Donella H. (1991). System Dynamics Meets the Press, The
    Global Citizen, pp. 1−12.

Richardson, G. P., 1991, *Feedback Thought in Social Science and
    Systems Theory*, University of Pennsylvania Press.

Simon, H. A. (1996). The Sciences of the Artificial. 3rd ed. Cambridge:
    MIT Press.

Waldrop, M. (1992). Complexity. New York: Simon & Schuster.

Waldrop, M. M. (1992), *Complexity: The Emerging Science at the Edge
    of Order and Chaos*, London: Penguin Books.

김고금평, 열풍이 태풍으로… K−pop, 세계음악시장 '나비효과', 문화일보,
    2011.11.15. <http://www.munhwa.com/news/view.html?no=
    2011111501032330030002>

명진규, "이명박 대통령 만난 에릭 슈미트 '유튜브에 K팝 채널 개설'", 아시
    아 경제, 2011.11.07. 〈http://www.asiae.co.kr/news/view.htm?
    idxno=2011110715130318311〉

서의동, "한류 편중 그만" 후지TV 앞 시위, 경향신문, 2011.8.8. 〈http://
    news.khan.co.kr/kh_news/khan_art_view.html?artid=
    201108082143135&code=970203〉

안진용, "[K−pop, 한류 길을 묻다] 유튜브 조회수로 본 'K−pop 삼국지',
    한국일보, 2011.06.09. http://news.hankooki.com/ArticleView/
    ArticleViewSH.php?url=entv/201106/sp2011060906023296010.ht
    m&cd=2204&ver=v002

이근미, "K뷰티'의 기틀을 세운 아모레퍼시픽 서성환 회장", 2016.01.08.
    <https://www.seri.org/kz/kzBndbV.html?ucgb=KZBNDB&no
    =154566&cateno=〉

이승현, "글로벌 D세대의 소비 트렌드" 한국경제매거진, 2008.11. 〈http://
    magazine.hankyung.com/main.php?module=news&mode=

sub_view&mkey=1&vol_no=674&art_no=54&sec_cd=1010⟩

이인묵, ""유튜브에 K팝 전용 채널" 흩어진 韓流물결 하나로", 조선일보, 2011.11.08. ⟨http://news.chosun.com/site/data/html_dir/2011/11/08/2011110800183.html⟩

이재봉, 중국의 신세대 한류열풍에 대한 연구, 학위논문(석사) 부산외국어대학교 대학원 한국학과, 2007, p. 5.

이태무, 이수만 SM엔터 회장 "인터넷 실명제 없이 불법 다운로드 근절 안된다", 한국일보, 2011.11.23. <http://news.hankooki.com/lpage/people/201111/h2011112 321481291560.htm⟩

전도영, "유튜브는 K-pop과 한류 세계화의 주역", 아이마소 뉴스, 2011. ⟨http://news.imaso.co.kr/archives/4592⟩

전혜원, "중국 게임 유저, 여전히 한국 게임선호, 머드포유, 2011.05.02. ⟨http://music.mud4u.com/gnews/news_view.php?mc=news&seq=40893⟩

정병국 "문화산업 규제 개선에 노력", 연합뉴스, 2011.6.22., ⟨http://news.naver.com/main/read.nhn?mode=LSD&mid=sec&sid1=101&oid=001&aid=0005124950⟩

조혜선, "일본 한류거부, 후지TV 불시청 운동 확산… '한류 채널 시청하지 말자!'", 동아닷컴, 2011.8.1. ⟨http://news.donga.com/3/all/20110801/ 39223637/3⟩

최경호, "연 4조원을 노래하는 '한류의 대장주', 미래 경제를 춤추게 하다!", 주간한국, 2011.11.07. ⟨http://weekly.hankooki.com/lpage/sisa/201111/wk201111021 84129121210.htm⟩

최주홍, "K-뷰티 열풍, 대한민국 화장품 아시아 맹주로 '우뚝'", 2016.05.27. <http://www.hankookilbo.com/v/493b060fd7164b1e898af 1 9737586b76⟩

최현정, "'유튜브 K-pop 어워즈' 슈주-2NE1-현아 수상!", 파이낸셜 뉴스, 2011.11.22. ⟨http://star.fnnews.com/news/index.html?no=

45562〉

최희선, 아이돌 가수 'Kara'의 일본 프로모션을 위한 패션 스타일링 디자인 제안, 경희대학교 학위논문(석사), 2011.

한경미, KBS 8시 뉴스, 2011.6.11. 〈http://www.ohmynews.com/NWS_ Web/View/at_pg.aspx?CNTN_CD=A000158127〉

한정원, K-pop 타고 '투자 열풍'…YG 엔터 공모 대박, SBS 8시 뉴스, 2011.11.16. 〈http://news.chosun.com/site/data/html_dir/2011/ 11/08/2011110800183.html〉

「대한민국 대중문화예술상」 신설, 정부 포상 확대, 공감코리아, 2010.11.17. 〈http://korea.kr/newsWeb/pages/brief/partNews2/view.do? dataId=155700813&call_from=extlink&call_from=extlink〉

필립 라스킨, 마이클 페티드, 진징이, 헤더 A. 윌로버, 트로이 스탠가론, 베르너 삿세, 톰 코이너, 세라카와 테츠요, 에르한 아타이, 엘런 팀블릭, "세계가 사랑한 한국", 파이카, 2010.

"한류열풍", 네이버, 〈http://terms.naver.com/entry.nhn?docId=19769〉

"K-pop", 위키 백과, 2011.11.19. 〈http://ko.wikipedia.org/wiki/K- pop〉

[K-pop] 라스베가스, 세계최초 '케이팝의 날' 지정, 유코피아, 2011.11.8. 〈http://www.ukopia.com/ukoHollywood/?page_code=read& uid=143182&sid=33&sub=3-17〉

YTN TV, 2011.6.16. 〈http://news.naver.com/main/read.nhn?mode= LPOD&mid=tvh&oid=052&aid=0000358903〉

MBC 〈TV속의TV〉 TV로 보는 세상-아이돌 선정성, 해결책은?〉, 2011. 8. 12.

최 창 현

뉴욕주립대 행정학/ 정책학 박사, 현 한국 행정학회 부회장, 행복문화포럼 부이사장, 전 문광부 컨텐츠 미래전략 포럼 연구위원, 한국 조직학회 회장, 관동대 행정학과 교수, 뉴욕주립대 객원교수, RPI 테크노경영대학원 초빙교수, 사우스 캐롤라이나대 초빙교수, UNESCO 백과사전 집필위원이다. 『CPND 생태계와 콘텐츠 융복합』(2017), 『영화로 보는 관광·호텔영어』(2016), 『행복이 뭘까요?』(2017), 『조사방법론』(2017) 등 저서 40여 권과 "국력요소 중 소프트파워로서의 문화경쟁력 비교분석 연구" 등 40여 편의 논문이 있다.

임 선 희

경주대학교 항공·관광경영학부 조교수로 재직 중이며 영국의 100년 전통의 차인호텔에서 근무하였다. 영국 스털링대학과 본머쓰 대학에서 국제관광경영학 석사학위를 취득하였고 경주대학교에서 '스토리텔링을 통한 문화유산관광 콘텐츠활성화 전략, 경주 김춘추 사례를 중심으로' 연구로 관광학 박사 학위를 취득하였다. 문화유산관광 활성화 방안연구와 마이스관광 관련 논문과 『영화로 보는 관광·호텔영어』(2016) 등의 저서가 있다. 현재 (사)한국마이스융합리더스 이사와 (사)경북MICE관광진흥원 원장으로 활동하고 있다.

문화력으로서 한류 이야기

초판발행	2018년 5월 21일
지은이	최창현·임선희
펴낸이	안종만
편 집	배근하
기획/마케팅	송병민
표지디자인	김연서
제 작	우인도·고철민
펴낸곳	(주) **박영사**
	서울특별시 종로구 새문안로3길 36, 1601
	등록 1959. 3. 11. 제300-1959-1호(倫)
전 화	02)733-6771
f a x	02)736-4818
e-mail	pys@pybook.co.kr
homepage	www.pybook.co.kr
ISBN	979-11-303-0576-9 93300

copyright©최창현·임선희, 2018, Printed in Korea

정 가   14,000원